# DİREN DEMOKRASİ

MUHARREM İNCE

Halk Kitabevi

**Yayıncı Sertifika No** 1711

**Kitap Adı** DİREN DEMOKRASİ

**Yazar** Muharrem İNCE

**Genel Yayın Yönetmeni** Hulusi KORAY

**Tasarım** Serdar KÜÇÜKDEMİRCİ

**Baskı – Cilt** Alioğlu Matbaacılık Ltd. Şti.
Orta Mahallesi Fatin Rüştü Sokak
No: 1/3A Bayrampaşa/İstanbul
0212 612 95 59

**Matbaa Sertifika No** 11946

**ISBN:** 978-605-9350-91-4

**Halk Kitabevi** Topçular Mah. Gürbüzler Cad.
Şehit Kubilay Sok. 8/A
Eyüp/İSTANBUL
Tel: 0 212 674 60 60
Faks: 0212 501 24 91
e-mail: info@halkkitabevi.com
www.halkkitabevi.com

# DİREN DEMOKRASİ

MUHARREM İNCE

Halk Kitabevi

# İÇİNDEKİLER

# ÖNSÖZ

Elinizde tuttuğunuz bu küçük kitap için aşağıdaki cümleleri yazmaya çalışırken dost ve kardeş ülke Azerbaycan'la ilgili bir haber yayınlandı.

Haberi okuduğumda bizim uzun zamandır anlatmaya çalıştığımızı sağ olsun İlham Aliyev, hepimizin anlayacağı biçimde anlattı, somut olarak bize göstermiş oldu diye düşündüm.

Dostluğunu esirgemediği için Aliyev'e ne kadar teşekkür etsek azdır!

Eğer başkasının deneyimlerinden öğrenmeyi bilemiyorsak her defasında Amerika'yı yeniden yeniden keşfetmek durumunda kalırız. O nedenle Azerbaycan örneği umarım herkes için uyarıcı olmuştur.

***

Bu ülke demokrasi yolunu seçti.

Bunun için bedeller ödedi.

Darbeleri yaşadı.

Tarihine, halkının hafızasına utanacağı idamlar kaydetti.

Biz tarihimize utanılacak sayfaların eklenmesin diye mücadele ediyoruz.

Bunu başarabilmemizin tek yolunun demokrasimizi geliştirmek, güçlendirmek olduğuna inandık.

Oysa bugün farklı bir utanç sayfasını yazmanın arifesindeyiz.

Bu küçük kitap, bu gidişe HAYIR demek için hazırlandı.

***

Demokrasi düşüncesinin gelişmesi, yaygınlaşması, ideal bir yönetim biçimi olarak kabul edilmesi insanın düşünme, karar verme, yönetime katılma, ülkesinin karşılaştığı sorunları anlama yeteneğinin temel bir ilke kabul edilmesiyle mümkün olmuştur.

Böyle bir düşüncenin kabulü, insanlığın önüne yeni toplum olmayı koyması anlamına gelmekteydi.

Eğer insanlık önüne yeni bir şey olmayı koymuş ise bilinmelidir ki bunu engellemeye çalışanlar da mutlaka olmuştur.

O nedenle, demokrasinin gelişimi, yaygınlaşması, sadece bir fikrin etkinlik kazanması değil, toplumdaki farklı kesimler arasındaki mücadeleleri anlatır.

Demokrasinin geliştiği Batı Avrupa'da, Kuzey Amerika'da böyle olduğu gibi bizim tarihimizde durum bundan farklı olmamıştır.

Çağrım demokrasimizin tarihini özgürlüklerin çoğaltılmasının, demokratikleşmenin başarılmasının öyküleriyle doldurulmasınadır.

Çağrım, bize dayatılan bu anayasa değişikliğine HAYIR diyerek, kendi ülkemizin özgür insanları olarak yaşayacağımızı herkesin bilmesini sağlamaktır.

HAYIR diyerek, otoriter zihniyetlere bu topraklarda geçit verilemeyeceğini göstermeyedir.

Başaracağız.

Bizim için başka bir seçenek de yoktur.

***Muharrem İNCE***

*Cumhuriyet ve demokrasi mücadelesine omuz verenlere,*
*bu uğurda yaşamını yitirenlere...*

# 1. BÖLÜM
# DEMOKRASİ VE DEMOKRASİ DENEYİMİMİZ ÜZERİNE

Demokratik toplum, çoğunluğun değişebildiği toplumdur. Demokratik toplumda mutlak çoğunluk olmaz. Günümüz toplumunda da mutlak çoğunluk hayali kuranlar yanılıyor. Eninde sonunda insanlar, kendi yaşamlarının gereklerine göre fikirler oluşturur, eylemde bulunurlar.

Kendilerine her daim çoğunluk rolü verenler, kendilerini bütünün içinde, onun parçası olarak göremezler.

Bu düşüncede olan iktidar toplumu, yan yana ama kesişme kümesi olmayan kümeler olarak görmektedir. Onlara göre büyük küme her şeydir.

Demokrasi milletin bölünmezliğini, birliğini, temel ilke olarak aldığından, çokluk yâda azlık, seçim sonuçlarına dayanan geçici çoğunluk ya da azınlıklardır.

Demokrasi çoğunluk ya da azınlığı ilke olarak kabul etmez.

Demokrasiyi çoğunluk veya azınlık üzerinden kurumsallaştırmaya, ona göre hukuk yaratmaya çalışanlar, demokrasinin yeminli düşmanlarıdır.

Demokrasi sınırlar rejimidir.

Haklarınız vardır ama bir başkasının haklarının başladığı yerde sınır da vardır. Yetkileriniz, sorumluluklarınız vardır ama denetlenmek, hesap vermek de vardır.

Sınırlar, kurallar tarafından korunur.

Kurallar ve sınırlar, sürekli yenilenen meşruiyet üzerinden gerçekleşir.

Bütün bunları belirlemede meşruiyetin kaynağı çoğunluk olursa, hak ve haksızlığın, sınırların ve kuralların ne olduğunu çoğunluk belirlerse, halkın demokratik çoğulculuğu ortadan kaldırılmış olur.

Bu o ülkeye, o millete yapılacak kötülüklerin en büyüğüdür.

%51'in, %49'u, bütünün parçası saymadığı bir sistemde

ulusal birlik, tam bir milli güvenlik, beka sorunudur.

Günümüzde tek bir kişinin bile toplumun düşünce ve eylemlerini değiştirdiğini görüyoruz.

Arap Baharının başlamasına neden olan bir seyyar satıcının eylemiydi.

Tarihin yönü vardır.

Akacağı yer, etrafı beton kalıplarla pekiştirilmiş su kanalı değildir.

Tarihe bu şekilde yön vermek isteyenler, unutulmasın tarihin kanlı sayfalarının sorumlusu olmuşlardır.

Bu süreçte en doğru sözlerden birini Cumhurbaşkanı söyledi. Bu değişiklik *"doping etkisi yapacak"* dedi.

Doping, insanın doğasına yabancıdır ve sonuçları ölümcüldür. Doğal olanın düşmanıdır. O nedenle adı yasaklı maddedir.

Bu anayasa değişikliği Türkiye'nin doğasına aykırı, ölümcül sonuçlara yol açabilecek içeriğe sahiptir.

Sonraki sayfalarda bunları tek tek, gerekçeli biçimde açıklayacağım.

## I. Demokratikleşme Davamız

Önce o sayfalardaki gerekçelerimin temeli olan Demokrasinin ne olduğu üzerinde hatırlatmalarda bulunmak istiyorum. Çünkü Osmanlıda başlayan Cumhuriyet döneminde devam eden uzun bir mücadelemiz var:

Demokratikleşme!

Niyazi Berkes'in daha üst bir başlıkla ifade ettiği Çağdaşlaşma…

Büyük Atatürk'ün ifadesiyle modern uygarlığı yakalamak ve aşmak...

Sözcükler, terimler önemlidir.

Sözcükler üzerinde anlaşma sağlanamadığında, düşünce birliğinin oluşması söz konusu olamaz. Kullandığımız terimleri kafasına esen çerçeve haline getirir ve içine istediği fotoğrafı koyarsa, sözcükler, terimler birleştirmez, ayrıştırır.

İster demokrasi, ister cumhuriyet sözcüklerini kullanalım, sonuçta yönetimin *"halka ait olmasından"* bahsediyoruz demektir. Birincisi, halkın yönetime katılmasına, ikincisi ise egemenliğin halka ait olmasına öncelik verir.

Gerek Atina'nın Demokrasisi, gerekse Romanın Cumhuriyeti olsun bugünkü anlamda ne demokrasiydiler, ne de cumhuriyettiler. Çünkü o tarihlerde halk, toplumun tüm üyelerini içermiyordu. Örneğin, köleler ve kadınlar yönetimde yer alamıyorlardı. Ayrıca yönetenlerin bugünkü anlamda bir temsil etme özelliği de bulunmuyordu. Halkın seçtiği yerel yönetimler ise hiç yoktu. Aşağıdan yukarıya temsilcilerin yönettiği, belli tarihlerde bu temsilcilerin yenilenmesi için seçimlerin yapıldığı bir sistem o zamanlar henüz icat edilmemişti.

Halkın kendi kendini yönetme sanatı olarak demokrasi öylesine yenidir ki uğrunda savaşılmasına, savaşla başka ülkelere ihraç edilmesine karşın nasıl bir yönetim olduğu noktasında tam bir anlaşma bulunmamaktadır. Bunun temel nedeni demokrasinin içerdiği idealler ile bunların gerçekleşme biçimlerinin çok farklı olmasıdır.

Örneğin bir ülkenin yönetim biçiminin demokratik olmasının temel koşullarından biri *"etkin katılım"*dır. Etkin katılım, o ülkede yetişkin sayılan nüfusun, bir politik karar oluşmadan önce bu politikanın ne olması gerektiği hakkında görüşlerini dile getirebilmeleri için eşit ve etkin imkânlara sahip olması demektir. Oysa bu, bugünkü dünyada hiçbir demokraside tam ve istenilen biçimde gerçekleşmemektedir.

Bu olgu bize demokrasi dediğimiz yönetimin her zaman bir demokratikleşme sürecini içermesi gerektiğini göstermektedir.

## Demokratikleşmenin Göstergeleri

Demokratikleşme, demokrasinin ideallerine yaklaşma çabaları olarak anlaşılmalı, tanımlanmalıdır. O ideallerin bir kısmı şöyledir:

1. İnsan hak ve hürriyetlerini güvence altına almak.
2. Zorbalığı ve şiddeti önlemek.
3. Özgürlükleri çoğaltmak
4. Bireyin kendi kaderini tayin etme imkânlarına sahip olması
5. Bireyin ahlaki özerkliğe sahip olması.
6. Adalet
7. Barış
8. Refah

Demokrasinin bu idealleri gerçekleştirmesi ya da bu ideallere yaklaşması için yönetim süreçlerinin asgari bazı özelliklere sahip olması gerekir. Bunları da şöyle sıralayabiliriz:

1. Etkin katılım,
2. Oy kullanma ve gündem üzerine imkân ve propaganda eşitliği,
3. Bilgi edinebilme,
4. Yetişkinlerin katılımı,
5. Devletin ahlaki ya da dinsel inanç dayatmaması.

Sayılan bu özelliklerin sorunsuz olduğu söylenemez. Ancak, bu özellikler bize asgari düzeyde bir yönetimin demokratikleşme yönelimi içerip içermediğini gösterir.

**Demokrasi, demokratikleşme yöneliminden saptığında**

**demokrasi adına zorbalığın iktidarı kolaylıkla kurulabilir.** Bugün dünyada yaşanan en önemli tehlike demokrasi adına zorbalığın meşru görülmesidir.

Bugünkü dünyada demokrasinin, demokratik yönetimin bayraktarlığını yapan örneğin ABD, İngiltere, Almanya ve diğer Avrupa ülkeleri, Irak'ta, Suriye'de milyonlarca insanın ölümüne yol açan bir süreci organize ettiler, ediyorlar.

## Önce Birey

Demokrasi, bireyi merkeze alır.

Çünkü demokrasi bir topluluğun veya görüşün değil, bireyin korunmasını, yaşamını gözetir.

Libya'da onlara özgürlük götürdüğünü iddia edenlerin savaş uçakları üzerlerinden geçerken, aşağıda denizde balıkçı teknelerinde 700 kişi boğularak can veriyordu. *(2. Haziran 2011)*

Bütün dünya bu olayı, sonrasında binlerce felaketi, özgürlük adına, demokrasi adına görmezlikten geldi.

Somali'de, Yemen'de, dünyanın birçok yerinde insanlar ölüyor.

Bu ülkelerde veya yanı başımızdaki, kadim komşumuz Suriye gibi ülkelerde süren iç savaşta kullanılan silahların hangi ülkelerde üretildiğini, oraya nasıl gönderildiğini, silahı satan ülkelere ne kadar para ödendiğini, bu politikalara destek verenler sorgulamıyorlar!

Savaştan kaçanların Suudi Arabistan, Katar gibi ülkelere değil de Avrupa ülkelerine, Kanada'ya gitmek istemeleri üzerinde düşünmüyorlar!

Durum böyle olunca, kendisine sorumluluk getirmeyen ama vicdan rahatlatan **merhamet demokrasisi** devreye giriyor.

Her gün eve ve TBMM'ye giderken Bilkent köprüsünün

altından geçmek durumundayım. Bilkent köprüsü üzerinde hala duruyor HALEP için yardım afişleri! Ne bu tür afişlerin asılmasından, ne de bu tür yardım faaliyetlerinde bulunulmasından rahatsız olan biriyim. Meselenin yardımda bulunmak, merhamet yarışında bulunmak olmadığını anlatmaya çalışıyorum.

O afişleri asanlar, o çağrılara koşanlar *"bir dakika"* deyip şu söylediklerim üzerinde düşünseler, HALEP halkına gerçek anlamda yardım etmiş olurlardı.

Yaşam, duygularımızın saflığını aklımızın emrine verirsek anlamlı olur.

Türkiye'de durum bu açıdan çok daha vahimdir.

Hak arayanın haklandığı, yönetime katılmanın jop ve biber gazıyla karşılandığı, kurgulanmış davalarla ordusunun etkisizleştirildiği, 15 Temmuz'da iktidarın ortağı olduğu bir terör örgütünün darbe girişimi gerçeğini yaşayan bir ülkedeyiz.

Ortak olma suçunu hukuka değil millete ve Allaha havale eden ülkeyiz!

OHAL'le yönetilen ülkeyiz!

Kararnamelerle hizaya getirilmeye çalışılan ülkeyiz!

Okullardan öğretmenlerin, üniversitelerden bilim insanlarının gerekçesiz işine son verildiği bir daha iş bulamayacak biçimde cezalandırıldığı ülkedeyiz!

Bir damla siyanür, bir insanı bir dakikada öldürür.

1000 kişi hakkında işlem yapıyorsun 999'da haklısın. 1 kişide haksız işlem yapmışsan, işte o 1 kişi hakkındaki işlem, bir damla siyanür etkisi gösterir.

Durum budur!

Acılarımız, öfkelerimiz öylesine birikti ki, aklımızı duygularımız esir almasın diye çaba gösteriyoruz.

Modern uygarlığı yakalamak ve aşmak, çağdaşlaşmak,

demokratikleşmek bu ülkenin her yurttaşının davası olduğuna inanıyorum.

Değilse de olmasını isterim.

Bu davayı kazanmamız devletimizin modern bir devlet, yurttaşlarımızın da bir arada yaşama arzusunu taşıdığı, güçlü tuttuğu millet olması gerekiyor.

Bizden öncekiler, özellikle Osmanlının son yüz yılını, Cumhuriyet'in kuruluş evresini yaşayanlar bunu yaşaya yaşaya, ağır bedeller ödeyerek öğrendiler.

Onların, bize miras olarak bıraktıkları kazanımları kaybedeceğimiz bir felaketin eşiğine gelmiş bulunuyoruz.

Yaşadıklarımız duygularımızı, heyecanlarımızı hedef alıyor.

Bu davaya inanıp, yurttaş olarak kendimizi davanın neferi olarak görüyorsak, ben dâhil hepimizin yüreği ateşli ama kafası sakin olmalı.

Bu sözümü unutmayın!

**Demokrasinin Temel Özellikleri**

Tekrar demokrasi üzerine hatırlatmalarıma dönüyorum.

- **Demokrasinin birinci amacı bireyin özgürlüklerini korumak, çoğaltmak ve zorbalığa karşı korumaktır.**

Demokrasinin bunu tümüyle başardığını söyleyemeyiz ama bu konuda alternatifinin bulunmadığı da açıktır.

Bunun temel nedeni, demokrasinin bir yönetim biçimi olarak, ***beraberinde bir haklar sistemini ve yaşam kültürünü zorunlu kılmasıdır***. Bugün ülkemizde temel eksikliklerin başında demokrasinin sadece bir yönetim biçimi olarak algılanıyor olması gelmektedir. Hatta bizdeki demokrasi sadece *"ortak kararı"* kimin alacağının belirlenmesinden ibarettir. Onu belirlemeyi demokrasi için yeter koşul saymaktayız.

- **Demokrasi, bireyin haklarını çoğaltır ve etkin biçimde kullanma imkanı sağlar.** Bireyin katılma hakkını kullanabilmesi için örgütlenme, söz söyleme, başkalarının ne söylediğini duyabilme hakkı kendiliğinden zorunlu olarak tanınır.
- **Demokrasi bireye geniş özgürlük alanı sağlar.**
- **Demokrasi insanların temel çıkarlarını korumaya yardımcı olur.**
- **Demokrasi insanların nasıl yönetilmek istediklerine en iyi imkânı sağlayan yönetim biçimidir.** İnsanlar kendi kaderlerini, belirledikleri temsilciler ile onların çıkaracağı kanunlarla asgari düzeyde belirleyebilirler. Demokrasi bunu sağlayabilmek için şu üç noktayı zorunlu kılar:

"a) **Kanun yürürlüğe girmeden önce tüm yurttaşların düşüncelerini açıklamalarına imkân verir**. Bunun için bireylerin şiddet içermeyen her türlü aracı, yolu kullanmalarını destekler.

b) **Uzlaşmayı hedefler**. Bunun için her türlü görüşme ve tartışmaların yapılmasını teşvik eder.

c) **Uzlaşma olmadığında, en çok destek bulan düzenleme yürürlüğe girer**."

Türkiye'de bugün Meclis ve bilgilenme yolları tümüyle devre dışıdır. Kanunlar çıkartılıyor, sadece çıkaranların haberi oluyor.

Böyle bir yönetimin demokrasiyle ilgisi olduğunu söyleyemeyiz.

Ama şu gerçeği de bilmeliyiz: Demokrasinin araçlarını demokrasiye karşı kullanan bir zihniyetle karşı karşıyayız. Bugünkü sorunlarımızın temel nedenlerinden biri de budur.

Demokrasi, demokrasiye inanan, onu aynı zamanda amaç olarak gören bir toplumda gerçek anlamda ideal bir yönetim olur.

- **Demokrasi, ahlaki sorumlulukları arttıran bir yönetimdir.** Karar alanlar, karar alma sürecine katılanlar, alınan kararın doğurduğu sonuçları paylaşmak durumundadır. Karar alma süreçleri bireylerin katılımını içermiyorsa, bu süreçlerden bireyleri sorumlu tutamayız. Onların da kendilerini sorumlu hissetmeleri beklenemez. Demokraside seçimlerde oy vermek, sorumluluğun en büyüğüdür.
- **Demokrasi, iktidarı belli bir merkezde toplayan değil dağıtan bir yönetimdir.** Demokrasi iktidarı üç temel alana dağıtır. Bunlar yasama, yargı ve yürütmedir. Bu alanlar arasında en fazla dağıtılan ise yürütmedir. Çünkü yürütme, her zaman diğer alanlara kolaylıkla müdahale edebilir ve bir iktidar yoğunlaşmasına yol açabilir.

## Mesele Gücün Dağıtılmasıdır

Yukarıda söylediğim demokrasinin araçlarının, kazanımlarının, değerlerinin demokrasiye karşı kullanımı varsa *(ki bizim ülkemizde vardır)* demokrasinin kendini savunmada kullanabileceği tek araç, gücün dağıtılmasıdır. Gücün dağıtılmadığı, denetlenmediği, hukukun üstünlüğünün sağlanmadığı ülke haklı olarak demokrasi olarak değerlendirilmiyor. Örneğin, Saddam zamanında Irak'ta, Esad yönetiminde Suriye'de de seçimler yapılmaktaydı. Farklı partiler bu seçimlere katılmaktaydı. Bu ülkeler demokrasiye sahip miydiler? Seçimlerdeki irade *"milli irade"* miydi?

Değildi.

Yurttaş iradesinin özgür olmadığı yerde seçimlerde ortaya çıkan irade, *"milli irade"* olarak değerlendirilmiyor. Yurttaşların özgür iradesinin varlığı, demokrasilerin karşılaştıkları güçlükleri aşabilmesini sağlayan temel etkendir.

Suriye ve Irak'ın böyle olmaları onlara demokrasi adına müdahale edilmesine gerekçe gösterilemez. Çünkü demokrasi, ihraç ya da ithal edilebilecek bir şey değildir.

Bir toplumun, kendi kendini yönetme sanatını, dikte edilerek veya ev ödevi verilerek başarması mümkün değildir.

Şöyle düşünelim:

İngiltere'de 1640, 1770, 1790 yıllarındaki gelişmeleri yaşayanların amaçladıkları İngiltere'nin bugünkü yönetimi miydi? Benzer soruyu ABD için de sorabiliriz. 1776'da bağımsızlık bildirgesini okuyanlar, 1789'da Anayasayı yapanların hayal ettikleri ABD, bugünkü ABD midir? Kim o günlerden bugünleri görebilirdi?

Kendi kendini yönetme sanatını başarması için toplumun kendisini bu hedefe uygun biçimde dönüştürmesi gerekir. Bunu başaramayan topluma dünyadaki en ideal Anayasayı getirip benimsetseniz dahi istenilen sonucu alamazsınız.

Türkiye örneğinden devam edersek, 1961 Anayasası iktidar gücünün dağıtımı noktasında en önemli aşamadır.

Anayasa mahkemesinin, senato meclisinin kurulmasının temel amacı iktidar gücünü frenlemekti. Yürütme gücünün karşısında zayıf kalan Yasama gücünü Yargı ile dengelemekti. Amaç gücü sac ayaklarına eşit biçimde yaymaktı. 1972 ve 1982 düzenlemeleri ise bu dağıtıma tepki olmuştur.

12 Eylül darbesinin üzerinden 36 yıl geçti. 36 yıl içinde Türkiye, darbenin demokraside açtığı yaraları demokratikleşme yoluyla çözmeye çalıştı.

12 Eylül 2010 Referandumuna kadar bu süreç aksayarakda olsa hep ileriye doğru yol aldı.

Buna karşılık 2010 Referandumu yargı gücünü yürütme karşısında yok ederek geriye doğru bir gidişi başlatmıştır.

Bugün tartışmakta olduğumuz, referandumda oylayacağımız Anayasa değişikliği bütün bir sistemde, rejimde değişiklik içerdiğinden demokrasi mücadelemizin kendi seyrini durduran, örneğine tarihimizde rastlanmayacak bir yönetim biçimi düzenlemesidir.

- **Politik eşitlik ve adalet en çok demokrasi ile sağlanabilmektedir.**
- **Toplumsal refah ve güvenlik en çok demokrasi ile elde edilmektedir.**

Demokrasi bu özelliklerinden dolayı çağın ve geleceğin yönetimidir.

Demokrasi üzerine yaptığım bu özetten sonra kendi demokrasi deneyimimiz üzerine de kısa bir özetin, ikinci bölümde anlatacaklarım için yararlı olacağını düşünüyorum.

## II. Demokrasi Deneyimimiz Üzerine Hatırlatmalar

Tarihte devamlılık ve kopuş, birbirinin karşıtı değildir. Kopuş, akıp gitmekte olan tarihin içinde bir eğilim, ya da eğilimlerin diğerlerinden baskın hale gelmesidir.

Hiçbir şey boşlukta olmuyor, toplumun içinde, onun kurumları, kültürü, ekonomisi içinde gelişiyor.

O nedenle bizde demokrasi mücadelesinin başlangıcı olarak 1. Meşrutiyet'in verilmesi çok doğrudur. Parti, parlamento, hükümet, seçim gibi demokrasinin temel kavramları orada hayat buldu. İdeal hale getirilmesi ise bugün de devam eden bir mücadele.

23 Aralık 1876 tarihinden bugüne kadar süren bir mücadelenin içinden geliyoruz. Bugünün dünyasında örnek gösterilen ülkelerin deneyimleriyle karşılaştırıldığımızda demokrasiyi öğrenme ve sahiplenmede kendimize o kadar haksızlık yapmamalıyız. En azından demokrasi mücadelemizin kırılmaları ve bu kırılmaların aşılmasında Fransa, ABD gibi iç savaş yaşamadık. Bunu söylerken yaşadıklarımızı önemsizleştirdiğim düşünülmesin.

Darbe girişimlerinin yaşandığı, darbelerin gerçekleştirildiği bir ülkeyiz biz!

Güvenlik ve özgürlük arasında sıkışıp kalan bir ülkeyiz.

Ekonomik gelişimini, kendi iç dinamiklerine oturtan, üreten bir ülke olamadık.

Gelir dağılımında adalet, her zaman boşluğa söylenmiş söz oldu.

Bu olumsuzluklar sıralamakla bitmez.

Ama yine de hedefi, ileri uygarlığı yakalamak ve aşmak olan bir ülke olduk.

2002 yılına kadar Türkiye bölgesinde demokrasiyi benimsemiş, onu geliştirmeye çalışan model ülkeydi.

15 Temmuz Darbe girişimi sonrasında ortaya çıkan belgeler de gösteriyor ki, 2004 yılında başlayan, 2007'de hızlanan, 2010'dan itibaren kurumsallaşan demokrasi karşıtlığıyla karşı karşıya kaldık.

Ve şimdi bu kurumsal yapı, bir bütün olarak Türkiye'yi teslim almak istiyor.

Üstelik de tarihinin yönünü değiştirerek!

Yunus Nadi yazmıştı, *"biz bu ülkeyi sokakta bulmadık"* diye.

Biz bu ülkeyi sokakta bulmadık!

Balkan Savaşlarıyla başlayan, 1. Dünya Savaşıyla devam eden, Kurtuluş Savaşıyla noktalanan bir mücadelenin sonunda kazandık.

Yaşadıklarımızı bir daha yaşamamak için *"tam bağımsızlık"* dedik. Vatan, millet, yurttaş dedik, millet iradesi dedik, Cumhuriyet dedik.

Bu süreçleri yaşayarak gelen ve bu değerleri bize öğreten büyük Atatürk var!

Onun cumhuriyet ve demokrasi üzerine söylediklerini bir kez hatırlamanın zamanı.

**Atatürk ve Demokrasi**

Atatürk, cumhuriyet ile demokrasi arasında bir karşıtlık kurmaz.

O, cumhuriyet ile demokrasiyi birbirini bütünleyen ilkeler olarak kabul eder.

Onun aşağıdaki sözleri, cumhuriyet ve demokrasiden ne anladığını tam olarak ortaya koymaktadır:

> *-Türk milletinin karakter ve adetlerine en uygun olan idare, Cumhuriyet idaresidir. (1924)*
>
> *-Cumhuriyet, yüksek ahlaki değer ve niteliklere dayanan bir idaredir. Cumhuriyet fazilettir... (1925)*
>
> *-Bugünkü hükümetimiz, devlet teşkilatımız doğrudan doğruya milletin kendi kendine, kendiliğinden yaptığı bir devlet ve hükümet teşkilatıdır ki, onun adı Cumhuriyet'tir. Artık hükümet ile millet arasında geçmişteki ayrılık kalmamıştır. Hükümet millet ve millet hükümettir. (1925)*

*-Demokrasi ilkelerini en çağdaş, en akla uygun olarak uygulayan yönetim biçimi cumhuriyettir. (Medeni Bilgiler 1929)*

*-Cumhuriyet rejimi demek, demokrasi sistemiyle devlet şekli demektir. (1933)*

*-"Artık bugün demokrasi fikri daima yükselen bir denizi andırmaktadır. XX. asır birçok müstebit hükümetlerin bu denizde boğulduğunu göstermiştir. Demokrasi prensibi, hâkimiyeti istimal eden (kullanan) vasıta ne olursa olsun esas olarak milletin hâkimiyete sahip olmasını ve sahip kılınmasını icap ettirir." (gerektirir). (Afet İnan, Atatürkten Yazdıklarım)*

*-"Cumhuriyet rejimi demek demokrasi sistemi ile devlet şekli demektir. Biz cumhuriyeti kurduk, o on yaşını doldururken demokrasinin bütün icaplarını sırası geldikçe tatbikata koymalıdır. Kadın haklarını tanımak da bunun bir icabı olacaktır. Müsterih olunuz. 1933" (Afet İnan, Atatürk'ten Yazdıklarım)*

*-"Malumdur ki, Türkiye Cumhuriyeti, demokrasi esasına müstenit (dayanan) bir devlettir. Demokrasi ise, esas itibarıyla, siyasi mahiyettedir; fikridir, ferdidir, müsavatperverdir.*

*Demokrasinin, bu esas noktalarına göre vatandaşın siyasi hürriyet ve mesaisini (çalışmasını) temin etmek ve vatandaşın ilmi, içtimai, sanat, ahlak inkişafını temin ile alakadar olmak, vatandaşın ve milli hâkimiyete usulü dairesinde iştirak (katılma) hakkını ve bütün vatandaşların aynı siyasi hakları haiz olmalarını temin eylemekten ibaret olan noktalar devletin, vatandaşa karşı, başlıca vazifelerinin hududunu gösteren işaretlerdir.*

*O halde, demokrasi esasına müstenit bir devlet; bir içtimai muavenet (yardım) sistemi, veyahut bir iktisadi teşkilat sistemi değildir. Bunun için, bu sahalara ait işlere devletin karışmaması bütün bu mahiyetteki işleri fertlere veya fertlerden mürekkep şirketlere bırakması mümkündür. Bu imkânının derecesini anlamak için, devletin, millete ve memlekete karşı ifasına mecbur olduğu esaslı vazifelerinin ikinci derecede görülen vazifelerle münasebet ve irtibatlarını düşünmek lazımdır." (Afet İnan, Atatürk'ten Yazdıklarım)*

Atatürk bu sözleriyle ***demokrasinin ideallerinin gerçekleştirilmesini*** Türkiye Cumhuriyeti D*evleti'nin asli görevi, sorumluluğu olarak görm*üştür.

Gerçekleştirmiş olduğu bütün devrimler, demokrasinin üzerinde yükseleceği temellerdir.

Eğer Türkiye Cumhuriyeti demokrasinin gereği olarak çok partili hayata, iktidarın dağıtılmasına, paylaşılmasına bazı sorunlara rağmen bu kadar kolay geçebilmiş ise Atatürk'ün bundaki payı unutulmamalıdır.

Demokrasinin en önemli ilkesi olan katılım ve temsilciler aracılığıyla yönetim daha Atatürk zamanında kurumşallaşmıştı. Bu kurumların arasında hiç kuşkusuz en önemlisi TBMM'dir.

TBMM'nin ve anayasaya dayalı bir yönetimin varlığı Türkiye'de demokrasinin temel kurumlarının yerleşmesini sağlamıştır.

Diğer önemli kurum ise Cumhuriyet Halk Partisi'nin kurulmuş olmasıdır.

Bu iki kurumun varlığı 1924 yılında Terakkiperver Cumhuriyet Partisi ve daha sonra 1930'da Serbest Cumhuriyet Partisi ile çok partili hayat için ön deneme yapılmasını sağlamıştır.

Sorunlu olmakla beraber bir seçim geleneği oluşmuştur.

Bunlar ve aşağıda hatırlattıklarımın tarihsel yönü demokratikleşmenin önünü açan, zemin bulup yeşermesini sağlayan gelişmelerdir.

Kuşkusuz demokrasi tarihimizin en önemli devrimi çok partili hayata geçilmesi olmuştur.

## Çok Partili Hayat

1946 yılında çok partili hayata geçilirken çok partili sistem için henüz erken olduğu yönünde epeyce eleştiri vardır. Bu eleştirilerin sahipleri, yurttaşların henüz demokrasi kültürünü benimsemediğini, kırsal kültürün etkisinde olduğunu ileri sürmüşlerdir. Buna karşılık İsmet İnönü, 1945 yılında Çiftçiyi Topraklandırma Kanunu ve Bütçe Kanunu üzerinde açık bir muhalefet sergileyen Celal Bayar, Adnan Menderes, Refik Koraltan, Fuat Köprülü, Emin Sazak gibi muhaliflere *"***Siz de kendi partinizi kurun... Demokrasi, memleketin ve milletin hayrını kendi düşüncesinde gören partiler arasında bir savaşmadır**. *"* diyecektir.

Çok partili hayata geçiş, devrimlere olan güveni ifade eder.

31.5.1946, 5.6.1946 tarihleri arasında 4918 Sayılı **Tek Dereceli Seçim Kanunu** görüşülür. Bu görüşmede oylamaya 278 milletvekili katılır, 177 milletvekili ise katılmaz. Bu 177 kişinin büyük çoğunluğu CHP grubundandı. Buna karşılık Demokrat Parti grubundan Adnan Menderes, olumlu oy verirken Emin Sazak olumsuz oy vermiştir.

Bugün her hangi bir kanunda iktidar partisinin meclise getirdiği bir tasarıya iktidar milletvekilleri muhalif, muhalefetin ise destek vermesi söz konusu olabilir mi?

Bu tablo, demokrasiye geçiş yılı olan 1946 yılının olumlu yönüdür.

21 Temmuz 1946 yılında yapılan genel seçimlerde izlenen politikalar, Türkiye'nin bugüne kadar devam eden temel sorunlardan birine işaret eder.

16 Haziran 1946'da CHP örgütlerine gönderilen genelgede, partililerin çatışmadan kaçınmaları istenmiştir.

DP ise "**Müdahale Baskı ve Usulsüzlük Belgeleri: Mahalli Seçimler**" broşürünü yayınlar.

Muhalefet ile iktidar arasındaki mücadele DP'nin iktidarında artarak devam edecektir.

Başlangıçta ideolojik ve siyasi olmayan, daha çok yerel ve bireysel çıkarların etkili olduğu bir kavgadır bu.

Bu kavganın kaybettirdiği *(ve bugün de devam eden, politikacıların ortak sorumluluğu olması gereken)* **toplumun bilinç düzeyini, yaşama biçimini yukarı çekme, etik ve estetik değerleri yüceltme, toplumsal sorunların bilimle çözülmesi ilkesinin** terk edilmesi olmuştur.

Adnan Menderes ve Celal Bayar ikilisinin 1946 yerel seçimlerine karşı çıkarken söyledikleri çok önemlidir.

O gün muhalefet olarak DP, seçimlerin demokratik bir ortamda yapılmasını istiyor. Bunun için Basın, Polis, Toplantı kanunlarında, değişiklik yapılmasını istemekteydi.

Polisin DP'ye baskı uyguladığını, basının tek taraflı yayın yaptığını, Toplantı Kanunu gerekçe gösterilerek insanların sürgün edildiğini ileri sürmekteydiler.

10 yıl sonra bu kez bu iddiaları CHP dile getirecektir.

Bu, demokrasimizde iktidarın gücü elinde toplama, muhalefetin ise gücün dağıtılmasını istemesi gibi özel bir görevi üstlendiklerini göstermektedir.

Çok partili hayata geçerken yaşanan bu tutum, bugün dahi devam etmektedir.

İktidar, elde ettiği yürütme gücünü her alana yaymak isterken muhalefet, demokrasi adına uyarılar yapmaktadır.

Çok partili sistem içinde sıkça görülen bu davranışlar, politikacılarımızın önemli bir bölümünün benzer veya aynı durumlarda farklı davranmayı meşru gördüklerini göstermektedir. Demirel'in veciz sözüyle **"dün dündür"** anlayışı, demokrasimizin, bireylerin özgürce bilinçlenmesinin önünde önemli engellerden biridir. Hâlbuki benzer veya aynı durumlarda, politikacı farklı davranacaksa geçmişteki davranışı ile şimdiki davranışı arasındaki farklılığı açıklamalıdır. Bu davranış, siyasetçilerimizi samimi kıldığı kadar, yurttaşların doğru değerlendirme yapmasına imkân da tanıyacaktır.

Çoğunluğu mutlak iktidar olarak anlamak, yorumlamak, kurallara dayalı sistemi engel olarak görmek, bunun erdemlerini, kazanımlarını ortaya koymak yerine eleştirmek, demokrasinin çoğulculukla buluşmasını istenilen duruma getirilmesini önlemiştir.

### 1960 Darbesi

DP'nin son döneminde gelişen olaylar askeri darbeye gerekçe olmuştur.

Bu Türkiye demokrasisinin askeri darbe ile ilk tanışıklığı oldu.

27 Mayıs 1960 darbesinde yaşananlar daha sonraki darbe ya da darbe denemelerinde de aynen tekrarlandı.

27 Mayıs Darbesi sonrasında tutuklanan DP'lerden 14'üne idam verildi. Bunlardan Celal Bayar, yaşından dolayı idam edilmedi

Başbakan Adnan Menderes, Maliye Bakanı Hasan Polatkan ve Dışişleri Bakanı Fatin Rüştü Zorlu idam edildi.

İdam gibi çağ dışı bir cezanın uygulanmış olması demok-rasimiz açısından utanç verici bir sayfayı tarihimize eklemiştir.

27 Mayıs bir askeri darbedir. Askeri darbeler, iktidara silah gücüyle el koymadır.

27 Mayıs askeri darbe olmasına darbedir ama meşruiyetini DP döneminde yaşanan iktidar gücünün bir elde toplanmasına karşı olmaktan almaktaydı.

Bu gelişmeler gerçek bir demokraside olması gereken bazı kurumların kurulmasına ve demokratik adımların atılmasına neden oldu. Anayasa Mahkemesi, Hakim ve Savcılar Yüksek Kurulu, Devlet Planlama Teşkilatı, TRT, TÜBİTAK, İhracatı Geliştirme Etüt Merkezi *(İGEM)* gibi kurumlar bu dönemin ürünüdür.

60'lı yıllar çok partili hayatımızın aynı zamanda koalisyonlarla tanışmasını sağlamıştır.

Bu koalisyonlar Türkiye demokrasisinin çağdaş çoğulcu demokrasiyle ilk buluşmasıdır.

Bu çoğulcu yapı, iki akımın partileşerek zamanla meclise girmesini sağladı. Birincisi Mehmet Ali Aybar başkanlığındaki sosyalist bir programa sahip olan Türkiye İşçi Partisi'dir. İkincisi ise İslamcılık akımıdır.

Çoğulcu demokrasinin ortaya çıkmasında temel etkenlerden biri seçim sisteminde yapılan değişikliktir.

Nispi temsil yöntemi, hemen her görüşün TBMM'nde temsiline imkân sağlamıştır.

Demokrasimizin sık sık krize girmesinde ekonominin yeri büyüktür.

1958 Devalüasyonu, 1960'da demokratik sürecin kesilmesinin en önemli nedenlerindendir.

1969 seçimlerinde oyların %47'sini alan AP, 9 Ağustos

1970'te yeni bir devalüasyon kararı aldı ve Dolar 9 Liradan 15 Liraya çıktı. Ekonomik kriz ortamında gelişen olaylar 12 Mart 1971'de askeri müdahaleye yol açtı.

Bu kez darbeciler 1961 Anayasasını fazla demokratik buldular.

Türkiye'nin demokrasi mücadelesinde kara sayfalar açmaya devam ettiler. Deniz Gezmiş ve arkadaşlarının idamı bu sayfalardan biri olmuştur.

Onların öncülüğünde yapılan değişiklikle 61 Anayasasının demokratik ruhu önemli ölçüde yok edilmiş oldu.

**1971'den 12 Eylül'e**

70'li yıllar siyasal iktidar gücünden çok toplumsal tabanının dağıldığı, paralandığı yıllar oldu. Karşılaştığımız şey çoğulculuk değil toplumsal parçalanmışlıktı.

İkisinin arasında önemli farklılık vardır. Çoğulculuk, farklılıklarla bir arada yaşamayı hedefler.

Parçalanmışlık ise bir arada yaşama hedefinden uzak, kendisini hayatın her alanında dayatma halidir.

Türkiye için 70'li yıllar şiddetsiz yaşanabilseydi, demokrasimiz için çok önemli yıllar olabilirdi. Ne yazık ki yaşanan parçalanmışlık, ona eşlik eden şiddet olayları, her gün sokaklarında onlarca yurttaşımızın canını kaybettiği bir ülke yaptı bizi.

**12 Eylül ve Özallı Yıllar**

12 Eylül, 1961 Anayasasının iktidar gücünü dağıtan ve çoğulcu demokrasi anlayışına imkân veren yapısına 1971'de yarım bırakılmış müdahalenin tamamlanmasıdır.

Yaşanan şiddet olayları, parçalanmışlık ruhu, ekonomik kriz

bu darbenin meşruiyet malzemesi olmuştur.

12 Eylül, iktidar gücünün yeniden yürütmede toplanmasına yol açan demokrasinin yasama, yürütme, yargı arasındaki dengeyi yürütme lehine bozan bir yönetim anlayışını hâkim kıldı.

7 Kasım 1982 tarihinde halk oylamasına sunulan ve katılanların %91.4'ünün olumlu oyunu alan yeni anayasayla yürütme ve yürütmenin başı olarak Cumhurbaşkanının yetkileri arttırıldı.

Siyasi partiler ve seçim yasalarında yapılan değişikliklerle 20 yıllık çoğulcu demokrasi dönemi kapandı. Kapanmakla kalmadı, Türkiye'nin demokratikleşme mücadelesinin önüne büyük barikatlar kuruldu. Özellikle demokrasinin gelişmesini sağlayan kültürel ve siyasal ortam önemli ölçüde yok edildi.

Türkiye, yine bu dönemde küresel ekonominin etki alanına girdi. Ekonomik alandaki büyük dönüşüm, kitle iletişim araçlarındaki gelişme ile bireyin yurttaşlık haklarını kullanması yoluyla toplumda var olabilmesinin yeni politikalarla yok edilmesi demokrasimiz açısından yeni sorunları da beraberinde getirdi.

Yurttaş olarak varlığını sürdürme imkânından yoksun bırakılan insanlar doğal olarak kentlerde, kitle iletişimin sunduğu görüntü ortamlarında kendi kimliklerine tutunmayı var olma davranışı olarak seçtiler.

1991 seçimleri bu açıdan çok önemli sonuçlar doğurmuştur.

Siyasal fikirlerin dahi kimliğin parçası olduğu bu dönemde Türkiye başta;

Laik-antilaik,

Etnik kimlik-ulusal kimlik,

Sünni-Alevi mezhep farklılığı,

Yaşam tarzı gibi tamamen kültürel alanda kendini gösteren ama ekonomik ilişkiler içinde bölünmeler yaşamaya başladı. Bugün artık bu çatışma alanları, toplum içinde kendini kolayca gösterebilmektedir.

Kimliklerin bu kadar öne çıkması, çıkarılması davamızın temelinde yer alan özgür birey mücadelesini önemli ölçüde geriletmiştir. Artık özgür birey yerine aidiyet duygusuyla bağlanılan topluluğun, grubun hakları ve özgürlüğü esas hale gelmiştir.

Ekonominin ve bilgi edinmenin küreselleştiği bir dönemde saydığımız çatışma alanları da küreselleşmektedir.

Dolayısıyla yukarıda sayılan çatışma alanlarının aktörlerinin iktidar olma talepleri, sadece kendi güçlerine, isteklerine dayanmamaktadır.

İşbirliği içinde oldukları küresel merkezlerle birlikte şekillenmektedir.

12 Eylül iktidar yoğunlaşmasını sağlarken, 90'lı yıllar bu yoğunlaşmanın yeniden dağıtılmasını savunan siyasal yapıları iktidara getirdi.

1991 seçimlerinden Kasım 2002 seçimlerine kadar geçen sürede koalisyon hükümetlerinin kurulmuş olması, iktidar gücünün dağılmasını sağladı.

Özellikle Avrupa Birliği'ne uyum çalışmaları da bunu destekledi.

İktidar gücündeki bu dağılmanın yerleşik hale gelmesini 2000 ve 2001 de yaşanan ekonomik kriz tersine çevirdi.

2002 seçimleri ve sonrasındaki seçimlerde tek başına iktidar olan AKP ile Türkiye'de yeniden iktidar gücü tek elde toplandı.

Yasama ve yargı gibi demokrasinin bağımsız güçleri de tümüyle iktidarın güdümüne sokuldu.

Devlet eşittir iktidar partisi haline geldi.

## III. Ortak Akla Çağrı

Bu tabloya rağmen 141 yıllık mücadelemizde önemli kazanımlar elde ettik. Yaşadığımız deneyimlerden öğrenmelerimiz oldu.

Demokrasi ancak özgürleşme isteğinin ardından geliyorsa, ona dayanıyorsa güçlüdür.

Birlikte yaşamak için daha çok özgürleşmeye ihtiyacımız var.

Mücadele duygulardan güç alır ancak yönünü akılla, analizle belirler, bulur.

Duygular karşısında aklı, bilgiyi, analizi yüceltmeyenler eninde sonunda bayağılığa teslim olurlar.

Demokrasi, onu benimseyen ve inananların demokratik ilkelere, değerlere tavizsiz bağlılığıyla yaşama geçirilebilir.

Tersi bir durumda, demokrasi, her zaman otoriterleşme eğilimlerine açıktır.

Bu özelliğiyle demokrasi, ortaçağ krallarından daha sorumsuz, tercihleriyle, eylemleriyle daha vahim sonuçlar yaratabilecek olan iktidarlara ve liderlere kaynaklık edebilir.

Buna dur demek bizim elimizde.

Devraldığımız mirasın içinde bizi biz yapan şey Hayır diyebilmeyi bilmemiz oldu.

İşgalciler geldiler onlara Hayır dedik. Direndik, savaştık, kazandık.

Darbeciler iktidar oldular onlara Hayır dedik. Direndik, kazandık.

Terörizme Hayır dedik.

Biz demokrasiye, demokratik değerlere, hukukun üstünlüğüne, İnsan haklarına, din ve vicdan özgürlüğüne inandık, evet dedik.

Birlikte Hayır diyeceğiz.

Şimdi buraya kadar anlattıklarımın ışığında sizlere neden hayır dememiz gerektiğini Anayasa değişikliğinin maddeleri üzerinde açıklayacağım.

Bunları okurken bir yol kavşağındayız ve her şey senin elinde unutma!

Ben **ortak akla** çağırıyorum.

Bu çağrım 141 yıldır yönünü bulmuş olan milletime, onun ortak aklınadır.

# 2. BÖLÜM
# MADDE MADDE NEDEN HAYIR

## 1. Anayasa Neden Önemlidir?

Fransız İnsan ve Yurttaş Hakları Bildirgesinin 16. Maddesi tam olarak şöyledir: "**Hakların teminat altına alınması sağlanmamış, kuvvetlerin ayrılığı tayin edilmemiş toplumlar Anayasaya asla sahip değillerdir**."

Demek ki Anayasa, iktidarın nasıl işleyeceğini, sınırlarını ortaya koyan, temel hakları güvence altına alan, demokratik meşruiyetin kaynağıdır.

Anayasalar bu özellikleriyle hem hukuki hem de siyasal metinlerdir.

Hukuki işlevlerini şöyle sıralayabiliriz:

1. İktidarın nasıl örgütleneceğini belirler.
2. İktidarın organları, görev ve yetkileri, yapacağı işleri belirler.
3. Diğer hukuk kurallarına kaynaklık eder. Sınırlar çizer.
4. Siyasi işlevleri şöyledir:
5. Anayasalar bir ülkenin kuruluş metinleridir.
6. Siyasal birliği ve toplumsal bütünleşmeyi temsil eder.
7. Siyasal iktidarı temel hak ve özgürlükler etrafında sınırlar.
8. Anayasa yönlendiricidir.
9. Kurallar üzerinden istikrarı sağlar.
10. Meşruiyetin kaynağıdır.

Anayasa ile kanunlar arasındaki en önemli fark şudur:

Anayasayı milletin kendisi yapar, kanunları hükümetler yapar.

O nedenle Anayasa, milleti, kanunlar yönetme hakkını kazanmış olan çoğunluğu temsil eder.

Anayasa, o ülkenin yurttaşlarının kimiz ve ne olmak istiyoruz sorularına verdiği cevaptır.

Anayasa, farklılıklarımızla nasıl bir arada yaşayacağımızı gösteren, herkesin sadakatle bağlı olacağı temel metindir.

Anayasa, o ülkenin yurttaşlarının bir arada yaşama arzusunu gösteren, aralarında ruhi ve duygusal birlikteliği sağlayan metinlerdir.

Anayasa birleştirici olmalıdır, ulusu birleştirmelidir.

Anayasa toplumun, onun üyeleri olan yurttaşlarının bütün farklılıklarını güvence altına alır, toplumun bu farklılıklarıyla birlikte millet ve devlet olmasını sağlar.

Anayasa, o ülkedeki iktidarın biyografisini anlatır. İktidarın sınırlarını, yurttaşların haklarını, egemenliğin paylaşımını ifade eder.

Temel uzlaşma metinleridir, toplumun her kesimini içerir.

Her yurttaş eline anayasayı alıp bir ayna gibi tuttuğunda, o anayasa metninde kendi resmini görebilmelidir.

## 2. Bu Değişikliğin Yapılmasının Temel Gerekçesi Nedir?

Böyle bir değişikliğin nasıl bir ihtiyaçtan doğduğunun ortaya konulması gerekir.

Teklifin Türkiye'nin gündemine getirilmesinde bu işin asli mimarı olan Devlet Bahçeli'nin "**fiili durumu ortadan kaldırmak**" ifadesi, değişikliğin hangi ihtiyaçtan doğduğunu en açık haliyle ortaya koymaktadır.

Türkiye Cumhuriyeti'nin geleceğini tehlikeye sokan; böyle bir değişikliğin gerekçesi, seçilirken uymaya yeminle söz verdiği anayasaya uymayan, devletin başı sıfatıyla tarafsız, partisiyle bağını koparmış olması gereken Cumhurbaşkanının kendisidir.

Bahçeli'nin sözleriyle fiili durum yaratmasıdır.

Mevcut Cumhurbaşkanı tarafsız, her görüşe, düşünceye eşit uzaklıkta, devletin başı olmak, kalmak yerine Anayasanın kendisine vermediği yetkilerle hareket ederek, parti sözcüsü gibi davranarak, Başbakanda olan yetkileri kullanarak fiili durumun oluşmasına neden olmuştur.

Normal bir hukuk devletinde, bunun karşılığı yargının önüne çıkmak olması gerekirken, onun isteklerine uygun Anayasa değişikliği yapıyoruz. Daha tehlikelisi fiili durumdan çıkacağız diye bütün bir sistemi, hatta rejimi değiştiriyoruz. Maddeleri açıklarken rejimin nasıl değiştirildiğini anlatacağım.

Anayasa ve yasalara uymayan kişiye onun istediği, onun uygun bulduğu bir Anayasa yapmak, tek başına hepimizin ve gelecek kuşakların utanç duyacağı bir girişimdir.

Türkiye Cumhuriyeti böyle bir girişimi hak etmiyor.

Bugün görevimiz bizlerin utanç duyduğu gelecek nesillerin de duyacağı bu girişimi önlemektir.

Bu anayasa değişikliği için *"fiili durum"* dışında üretilen parlamenter sistemin işlemediği, çift başlılık olduğu, var olan sistemin koalisyonlara imkân verdiği gerekçeleri, sadece bu işin pazarlanması için uydurulmuş gerekçelerdir.

Kendilerini akıllı, muhataplarını akılsız yerine koyan gerekçelerdir.

Parlamenter sistem işlemiyorsa buyursun söylesinler neresi işlemiyormuş?

Kendileri parlamenter sistemin kurallarına bağlı kalmayı bir erdem olarak görmüyor, bu kuralları gerektiği biçimde işletmiyorlarsa elbette o sistem işlemez.

Cumhurbaşkanı iktidar partisinin kurucusu, TBMM Başkanı, Başbakan ve bakanlar aynı partiden iken sistemde çift başlılık şikâyetinin tercümesi, acizliktir.

Türkiye'ye söyleyecek sözlerinin kalmamasıdır.

Yaşamakta olduğumuz toplumsal sorunları çözebilecek bilgiden, beceriden, iradeden yoksun olmalarıdır.

Demokrasimize katkı yapmak için yola çıkanlar, Avrupa Kapılarında dolanıp, *"Kopenhag Kriterleri'ni Ankara Kriterleri yapar yolumuza devam ederiz"* diyenler, bugüne kadar sakladıkları, şüphelenenler için *"niyet okuyor"* diyenler, bu değişiklik teklifi ile gerçek yüzlerini göstermişlerdir. Ruhlarına sinmiş, kişiliklerinin temel özelliği olmuş demokrasi karşıtlıklarını belgelemiş oldular.

Egemenlik, Cumhuriyet öncesinde şöyle paylaşılırdı:

a)**Hanedan**; Padişah, Saray

b)**Seyfiyye**, silahlı kuvvetler, ordu;

d)İlmiye, bugünkü karşılığıyla yargı ve üniversite;

e)**M**ülkiye, bugünkü karşılığıyla idari bürokrasi;

f)**Kalemiyye**, bugünkü karşılığıyla vergi bürokrasisi;

g)**Ayan**, devlete borç veren sermaye;

h)**E**şraf, devletin vergi aldığı sermaye;

j)**Esnaf**, üretime teknolojiyle katılanlar, bilgiyle katılanlar

ı)**Tebaa.**

Bu, Cumhuriyet Devrimiyle değiştirilmiştir.

Hanedanın yerini tebaa olarak adlandırılan ahaliye, kalabalığa, millete, ona vatandaş sıfatı kazandırılarak, egemenliğin sahibi yapılmışlardır.

Bunun lideri Mustafa Kemal Atatürk'tür. Gerçekleşmesini sağlayan Cumhuriyet Devrimi'dir.

Bugün karşı karşıya kaldığımız, bu anayasa değişikliğiyle ortaya çıkan yıkmaya çalıştığımız, yurttaşı tebaa olarak gören, kendi gerçekliğinden uzaklaşmış zihniyettir.

Atatürk'ün hayatı, bu zihniyetle mücadeledir.

Bu zihniyete karşı onun mücadelesi, *"Egemenlik Kayıtsız Şartsız Milletindir"* ilkesini yaşama geçirmek, yeni nesillerle güçlendirmek olmuştur.

Bugün bu anayasa değişikliğinin hedefinde Cumhuriyet Devrimi vardır.

Onun *"Egemenlik Kayıtsız Şartsız Milletindir"* ilkesini yıkmak vardır.

Ucube sistemlerini tanıtırken geleneğimizde var dedikleri yukarıda açıklanan Cumhuriyet öncesi egemenliğin kullanım biçimidir.

Köyünde tarlasında çalışanlar, fabrikada işçi olanlar, hizmet kurumlarında asgari ücrete mahkûm edilenler, Sizler böyle bir egemenlik hiyerarşisinde nerede olacaksınız?

## 3. Anayasalar Nasıl Yapılır?

Anayasanın değiştirileceği konusunda bizi bağlayan birinci nokta Anayasamızın 175. Maddesinin hükümleridir. Bu hükümlere göre anayasa değişikliklerinin şu üç kuralı taşıması gerekmektedir:

--Milletvekili iradesi ürünü olması,

--Toplumsal uzlaşmayla oluşturulması,

--Milletvekillerinin özgür iradelerini kullanabilmeleri için Meclis Genel Kurulu'nda gizli oylama yapılması.

Bu yürürlükteki Anayasanın hükümleri...

İkinci nokta ise Türkiye, Avrupa Konseyi'nin üyesi olması sıfatıyla bu organın danışma organı olan Venedik Komisyonunun belirlediği ilkelere öncelik vermek durumunda olmasıdır.

Venedik Komisyonu, anayasa değişikliklerinin şu ilkelere uygun yapılmasını istemektedir:

-Kapalı kapılar ardında hazırlanmamalı, olabildiğince şeffaf ve açık olunmalı,

-Ucu açık bir süreçte kamuoyu önünde tartışılmalı,

-Kamuoyunu bilinçlendirecek özgür bir medya bulunmalı,

-Tüm demokratik kitle örgütleri, ilgili ve bilgililer tartışma sürecine dâhil edilmelidir.

Önümüze çıkarılan ve Anayasa olarak kabul etmemiz istenen metin ne anayasanın 174. Maddesinin hükümlerine ne de Venedik Komisyonunun ilkelerine göre hazırlanmıştır.

Kapalı kapılar ardında hazırlanmış, iktidar partisi milletvekillerinden daha önceden alınmış imzalar üzerinden TBMM'ye sunulmuş, TBMM'nin komisyon aşamasında toplumun farklı kesimlerinin katkı sağlanması yoluna gidilmemiştir.

Bütün bunlardan daha da önemlisi, bu değişikliğin Türkiye'nin Olağan Üstü Hal Hukuku ile yönetildiği bir dönemde gerçekleştiriliyor olmasıdır.

Tek başına bu gerekçe, bu değişikliğin bir toplumsal sözleşme olamayacağını göstermek için yeter de artar!

## 4. Bir Film Kaç Defa Seyredilir?

Gündeme geldiğinden bu yana bizler değişikliğin içeriğini tartışmaya çalışırken, bu metni önümüze çıkaranlar yalanla bezenmiş, toplumu birleştirmekten uzak siyasal söylemlerini dile getirmekteler.

AKP döneminde bu üçüncü Anayasa değişikliği referandumu olacak.

2007 yılında Cumhurbaşkanının halk tarafından seçilmesine ilişkin değişiklikte bunun sakıncalarına dikkat çekmekle birlikte referanduma gidilmesine karşı çıkmadık. Çünkü "Cumhurbaşkanının halk tarafından seçilmesi eğer demokratik kurallar benimsenirse demokrasinin içinde bir seçenektir dedik. Demokrasiyi benimsemiş ülkelerde bunun örneklerinin bulunduğunu belirttik. Örneğin, Avrupa'da Avusturya, Bulgaristan,

Hırvatistan, Çek Cumhuriyeti, Finlandiya, İrlanda, İzlanda, Makedonya, Polonya, Portekiz, Romanya, Sırbistan, Slovakya, Slovenya gibi ülkelerde, Cumhurbaşkanını halk seçmektedir.

Ancak hiçbiri Anayasal düzenin verdiği görevlerle seçilme biçimi arasında bağ kurmayı akıllarına getirip Başkan gibi davranmıyorlar!

Fiili durum yaratmıyorlar!

Ayrıca şunun da bilinmesi gerekir. Türkiye'de halk tarafından seçilen ilk Cumhurbaşkanı Kenan Evren'dir. Hatırlanırsa Anayasa oylaması ve onun Cumhurbaşkanlığı birlikte oylandı.

Bugün Kenan Evren adını silmeye çalışıyoruz.

Neden?

O halk tarafından seçilmedi mi?

Mesele, halk tarafından ya da onun temsilcileri aracılığıyla seçilmek değil.

Mesele, demokrasiyi, onun değerlerini, kurallarını benimsemektir.

Evren, kimliğini göstererek oy kullandı

Devlet Başkanı Kenan Evren oyunu Çankaya Köşkü'nün yakınındaki Çankaya İlkokulu'nda kullandı. Devlet Başkanı oyunu kullanmadan önce sandık başkanına kimliğini gösterdi. Evren'in oy kullandığı sandıkta 278 kabul 37 red oyu çıktı ...

Evren 7 yıl Cumhurbaşkanlığı yapacak

**Türkiye'nin halk tarafından seçilen ilk cumhurbaşkanı**

1982 Anayasası'nın kabulüyle birlikte Türkiye Cumhuriyeti'nin 7'nci Cumhurbaşkanı olan Orgeneral Kenan Evren'in bu görevi 1989 yılının Kasım ayına kadar sürecek. Orgeneral Evren, Cumhuriyet tarihimizde halkın oylarıyla Cumhurbaşkanlığına seçilen ilk Cumhurbaşkanı oldu. Daha önceki Cumhurbaşkanları Meclis tarafından seçilmişti. 1982 Anayasası'na göre Evren'den sonraki Cumhurbaşkanları da Meclis tarafından seçilecek.

2010 referandumuna yargıyla ilgili iki maddeden dolayı karşı çıktık.

Yaşanan olaylar gösterdi ki biz haklıydık.

Devrim olarak bize sunulan değişiklik beş yılda darbeyi unutmuş olan ülkede darbeyle sonuçlandı.

Partim adına 2010 Referandumuna ilişkin olarak TRT konuşmasını ben yaptım. Halkıma o zaman çağrıda bulunmuştum. Bu ülkenin bir 12 Eylül'ü var ikincisi olmasın diye. 12 Eylül Darbesi'yle bir tuttuğum için olmadık eleştiriler yapıldı. 12 Eylül Darbesi sonrasındaki 6 yıl dikkate alındığında 2010 Referandumu sonrasında gerçekleştirilen hukuksuzlukları, bugünkü durumu 12 Eylül Darbesi olarak nitelemem hafif kalır.

Tekrar ediyorum, demokratikleşmeyi içermeyen adımlar, ister halk desteği alsın, ister almasın sadece yıkım getirirler.

Kendi ülkenizin tarihinden ders alamıyorsanız, yaşananlar size inandırıcı gelmiyorsa her hangi bir ülkenin tarihini okuyunuz. Orada size, bu gerçeği gösterecek epey kanıt olacaktır. Yeter ki okuyun!

Dün, 2010 Referandumu'na devrim deniliyordu. Bugün, o gün yapılan değişiklikleri kaldıran değişikliğe de devrim deniliyor.

Tayyip Erdoğan ne diyordu o günlerde?

*"Hayır diyenler darbecidir, vesayetçidir"* diyordu.

Referandum sonrası ise, *"Hayır diyenlerde, evet diyenler de kazanmıştır. Darbeciler kaybetmiştir"* demişti. Aslında kazanan darbecilerdi. 12 Eylül 2010'daki referandumda HSYK'yı, Anayasa Mahkemesini FETÖ'cülere teslim etmediler mi?

Bu böyle oldu!

Erdoğan yine o akşam, *"Dünyanın dört bir yanından ve Okyanus ötesinden destek veren tüm kardeşlerimi kutluyorum"* demişti.

Okyanus ötesine mesajlar verildiğine göre, bizim de bu mesajı verenlere mesajımızın olması, söyleyecek sözlerimizin olması doğaldır.

Yine o günlerde Erdoğan *"Hayır"* dedikleri için, *" Çetelerin avukatlığını yapan CHP ve MHP, İşçi partisi, ÖDP, BDP var"* diyordu.

Bugün Başbakan Binali Yıldırım'da yine buna benzer ifadeler kullanıyor, aynı şeyleri söylüyor. Hakikaten bugüne kadar yaptıkları ve söyledikleriyle tam düşük profilli bir Başbakan örneği, ortaya koyuyor!

Üstelik de ilk imza sahibi. Ama bu değişikliğe dair bir fikri yok. Sadece hakaret ediyor.

Sen imza attığın metni savunamıyorsun da, oyunu kullanırken HDP'ye, PKK'ya bakarak mı kullanıyorsun? Onlar Evet derse, Hayır diyecek, Hayır dese Evet mi diyeceksin? Böyle bir düşünce, kafa olabilir mi?

Bu imzaladığı, bugün üstlendiği görevi ortadan kaldıran değişiklik hakkında fikri olmadığını gösteriyor.

Düşünün ki bir anayasa kuralının ömrü 7 yıl oluyorsa, o anayasa değişikliğini aynı insanlar hazırlıyor, yine aynı insanlar oyluyorsa, bu söylem sorgulanmayıp üzerinde durulmuyorsa, böyle bir ülke için elbette başka sorunlardan bahsedilir.

O ülkenin istikrarsızlığından, sürekli kriz yaşayan bir toplum olduğundan söz edilir.

Bilesiniz ki bu referandumda bu değişiklik onaylasın, bizi hayal edemeyeceğiz tehlikeler bekliyor.

Madde madde değişiklikleri değerlendirirken bu tehlikelerin neler olabileceğine de dikkat çekeceğim.

### 5. İşte Maddeler, Ben Neden Hayır Diyorum?

Ben oyumu kullanırken ne HDP'ye, ne PKK'ya, ne de FETÖ'ye bakarım.

Hayatımın hiç bir bölümünde bunlarla işim olmamıştır. Ben ülkeme, tarihime, halkıma bakarım.

Bana ülkem için benimsediğim ilkeler ve ideallerim yol gösterir.

Şu örneği konuşmalarımda sıkça kullanıyorum.

Ülke nüfusumuzun büyük çoğunluğu kentlerde yaşıyor. Kentlerdeki konut tipimiz de apartmanlar. Apartmanlarda, apartman yöneticileri seçiyoruz. Kat malikleri olarak seçime katılıyor başkan seçiyoruz. Sonra onun yanına yönetim kurulu seçiyoruz. Neden muhasip, disiplin kurulu gibi denetçiler seçiyoruz? Seçtiğimiz başkan bunları seçse, onun seçtiği insanlar bütçeyi yapsa, aynı zamanda seçtikleri denetim yapsa olmaz mı?

Bu sorumun karşısında *"olur mu böyle şey"* dediğinizi duyar gibiyim.

Apartmanı bile bir kişiye teslim etmiyorsunuz da, 80 milyonluk bir Türkiye'yi, bir kişiye nasıl teslim edebiliyorsunuz?

Köylerde yaşayan yurttaşlarımız bilir, çoğu köylerde kooperatifler vardır.

Bir kooperatifiniz var. Buraya bir başkan, yönetim ve denetim kurulu ve bunların yedeklerini seçiyorsunuz. Siz kooperatif başkanınıza güvenmiyor musunuz da bunları seçiyorsunuz?

Evet diyecek olanlara sesleniyorum; Apartman yöneticisini, kooperatif başkanını veya Kanarya Sevenler Derneği seçimlerinde denetim ve yönetim kurullarını ortaya koyuyorsunuz da, bu kurulları ortadan kaldıran koca ülkeyi, bir kişinin yönetimine neden veriyorsunuz?

Ben şimdi sizlere soruyorum?

Kime genel vekâletname verirsiniz?

Bende annemin genel vekâleti var. Bankada, orada burada yorulmasın diye böyle bir sorumluluğu, kardeşleriminde onayı ile aldım. Ben onun oğluyum güvenmiş vermiş bana, bu başka bir şey.

Ama ben, devletin vekâletnamesini, kimseye veremem kusura bakmasınlar!

Bu vekâletname bana da verilmemeli.

Güç insanı bozar.

Böyle bir gücü alan bir insanın demokrat kalması mümkün değildir.

İnsanın fıtratına aykırı bir durumdur.

Bunları söylerken de derdimin Tayyip Erdoğan olmadığı da bilinmelidir.

Bu yetki yarın başkasının da eline geçer.

Bu ülkenin yargısını, ordusunu, bütçesini savaşa sokma yetkisini nasıl bir kişiye verebiliriz?

Nasıl böyle bir anayasal düzen kurma girişimine kalkışılır?

Böyle girişim, 140 yıldan fazla demokrasi için mücadele etmiş bir halkın evlatlarından nasıl destek bulabilir?

AKP'ye oy vermiş yurttaşlara soruyorum?

Yarın bu yetki başkasının eline geçerse o zaman ne olacak?

Bakın iki şey söylüyorum; bir, bu yetki ile başkan eyalet kurabilir.

İki malınıza, mülkünüze el koyabilir.

Sabredin ilgili maddede ayırtılarıyla açıklayacağım.

Şunu iyi bilin: Siyasi iktidar, denge ve denetleme mekanizmalarından kurtulduğunda egemen olduğu ülkeye cehennemi getirir.

## 1. Birinci Madde
## Yargının Bağımsızlığı ve Tarafsızlığı

**MADDE 1-** 7/11/1982 tarihli ve 2709 sayılı Türkiye Cumhuriyeti Anayasasının 9 uncu maddesine "**bağımsız**" ibaresinden sonra gelmek üzere "**ve tarafsız**" ibaresi eklenmiştir.

Bu değişiklikle, yargının temel ilkesi olan bağımsızlığın yanına bir de tarafsızlık ilkesi ekleniyor.

Bunda ne var denilebilinir?

Öyle ya, yargı tarafsız olmalı.

Bunun anayasa da ilke olarak benimsenmesinin ne sakıncası olabilir?

Bence de olmaz. Ancak biraz üzerinde düşünmemiz gerekir.

Avrupa İnsan Hakları Sözleşmesi 6. maddesi Adil Yargılanma Hakkı başlığını taşıyor. Bu maddenin ilk fıkrası şöyledir:

*"Herkes davasının, medeni hak ve yükümlülükleriyle ilgili uyuşmazlıklar ya da cezai alanda kendisine yöneltilen suçlamaların esası konusunda karar verecek olan, yasayla kurulmuş, bağımsız ve tarafsız bir mahkeme tarafından, kamuya açık olarak ve makul bir süre içinde görülmesini isteme hakkına sahiptir. Karar alenî olarak verilir. Ancak, demokratik bir toplum içinde ahlak, kamu düzeni veya ulusal güvenlik yararına, küçüklerin çıkarları veya bir davaya taraf olanların özel hayatlarının gizliliği gerektirdiğinde veyahut, aleniyetin adil yargılamaya zarar verebileceği kimi özel durumlarda ve mahkemece bunun kaçınılmaz olarak değerlendirildiği ölçüde, duruşma salonu tüm dava süresince veya kısmen basına ve dinleyicilere kapatılabilir."*

İnsanların adil yargılanma haklarını kullanabilmeleri için

mahkemelerin bağımsız, tarafsız olmasını isteme hakkı olduğu gibi kamu denetimini sağlamak için yargılanmanın kamuya açık olmasını ve makul bir sürede davasının görülmesini isteme hakkı da vardır.

Sorunun özü yargının önce bağımsızlığının sağlanmasıdır.

O zaman ilk sorumuz şu olsun, **getirilen değişiklik yargıyı bağımsız mı kılıyor ki ona bir de tarafsızlık ilkesini ekliyorsunuz**?

**1.** Yargı bağımsızlığından söz edebilmemiz için, yasama ve yürütmenin, etkisinden tümüyle uzak olması gerekir. Kendi dışındaki kuvvetlerden baskı görmemeli, etkilenmemeli.

Bütçesini tek adam yapacak.

Yargının üst kadrolarını aynı kişi atayacak.

Adalet bakanını atayacak.

Onun müsteşarını atayacak.

Sonra bunlar, Hâkimler ve Savcılar Kurulunun üyeleri olacak.

Madde 14 bu düzenlemeleri içeriyor.

Sonra da yargı dış etkilere karşı bağımsız olacak…

**2.** Daha tehlikelisi, zaten 14 yıllık AKP iktidarında yargının kendi içindeki durumun, yargıçların bağımsızlığını ortadan kaldırmış olmasıdır.

Yargıdaki yükselmelerin referanslarının siyasi taraftarlık, çeşitli dini cemaatlere üye olmak olduğu bilinen bir gerçek. Böyle bir yargı kurumunun içinde hangi hâkim, üstündeki, yanındaki hâkimden etkilenmez.

Yargı tarafsızlığı denilen şey yargıçların tarafsızlığıdır. Hâkimin tarafsız olması, baktığı davaya ilişkin tutumuyla ilgilidir.

Oysa yargı, kendi başına bir taraftır.

Adaletten,
Hukukun üstünlüğünden
Kamu düzeninden,
Ulusal güvenlikten,
İnsan haklarından yana taraftır.

Hâkimin tarafsızlığı, zaten işinin olmazsa olmazı ise neden anayasal bir ilke olarak konuluyor?

Hâkim görevini neye dayanarak yapacak?

O görevini;

1. Anayasaya uygun yapacak. Bu anayasadan taraf olduğu anlamına gelmez mi?
2. Kanuna ve hukuka uygun olarak yapacak. O zaman kanundan ve hukuktan yana taraf olmuyor mu?
3. Her zaman kendi kanaatleriyle ve vicdanıyla karar vermesi gerekir. Bu durumda kendi kanaatleri ve vicdanı, ele aldığı davadaki tarafların kanaatleri ve vicdanları karşısında taraf olmuyor mu?

Biliyorsunuz 2011 yılı seçimlerinden sonra yeni Anayasa tartışmaları yeniden gündemin ön sıralarına çıkarılmıştı. O tarihler de TBMM'de komisyonlar kurulmuş, çeşitli kuruluşlardan öneriler alınmıştı. Bu kuruluşlardan biri *"Birlik Vakfı"* adını taşıyor. Bu vakıf, o tarihlerde Başkanlık sistemi önerisini içeren bir Anayasa teklifini kamuoyuna sundu.

Dileyen http://www.birlikvakfi.org.tr/fileSource/ANAYASA-TEKLIFI.pdf buradan teklifi okuyabilir ve şu anda referanduma sunulan metinle karşılaştırabilir.

Bu Vakıf önemli çünkü kurucuları, üyeleri ve başkanı epeyce tanıdık isimler. 40 kişilik kurucular kurulunun 1 numaralı ismi Recep Tayyip Erdoğan, 2 numaralı isim İsmail Kahraman.

Şu anda birinci isim Türkiye'nin bir numarası, diğeri 2 numarası.

Bu vakıf, bu iktidarın temel düşünce kodlarını temsil ediyor.

İşte önerdikleri teklifin birçok maddesi şu anda karşımızdaki Anayasa değişiklik teklifiyle aşağı yukarı aynıdır. Bu ifade de oradan olduğu gibi gerekçesi yazılmadan, üzerinde düşünülmeden alınmıştır.

1. Yargı bağımsızlığının olmadığı yerde hâkimler tarafsız olamayacağı için bu değişikliğe karşıyım.
2. Yargı Türk Milleti adına bu yetkiyi kullanacak ama kurumsal olarak tarafsız olacak. Bu ifade hâkimlerin tarafsızlığı ilkesini bulanıklaştırdığı için karşıyım.
3. Gelecekte, hâkimin değil, kurumsal olarak yargının terör örgütleri karşısında da tarafsız olacağı düşüncesi gündeme getirilir endişesine sahip olduğum için Hayır diyorum.

Yargı bağımsız olmalı, yargının bağımsızlığı hâkimin tarafsızlığını sağlamalı. Böylece yargı, saygın, güvenilir ve etkin olabilir.

## 2. İkinci Madde: Milletvekili Sayısının Altıyüze Çıkarılması

**MADDE 2-** 2709 sayılı Kanunun 75 inci maddesinde yer alan *"beşyüzelli"* ibaresi *"altıyüz"* şeklinde değiştirilmiştir.

Anlamsız, gereksiz bir değişiklik. Yetkileri elinden alınan, saygınlığı yıkıma uğratılan, Türkiye Cumhuriyetinin temel merkezi kurumu ve, her türlü meşruiyetin kaynağı olmaktan çıkarılan bir kurum için bırakın 550'nin 600 yapılması, 100 milletvekili dahi fazla olur.

Deniliyor ki nüfusumuz artmış. Nüfus arttıkça milletvekili sayısı da artmalıymış. Elbette nüfus artışı milletvekili sayısının artışı için gerekçe olabilir. Ama şu andaki nüfusumuz için mevcut sayı yeter de artar bile.

ABD Temsilciler Meclisi, doğrudan halkı temsil ettiği için bizim meclisimizle karşılaştırabilir. Bu meclisin üye sayısı 435. Buna karşılık ABD'nin nüfusunun 320 milyon civarında olduğunu hatırlatmak isterim.

Mesele nüfus artışı değil, milletvekillerinin temsil yetkisini kullanabilmesidir. Bu değişiklik buna imkân vermemektedir.

Sadece maaş alacak olan, temsil ettiği insanlarla bağı kopartılmış olan milletvekilliğine, hayır dediğim için bu maddeye Hayır diyorum.

Tekrar ediyorum neden 200 trilyon paramız boşa gitsin?

550'li yetmiyor mu?

Bu desteğine başvurulan Partinin milletvekilleri *"sizler bir defa daha milletvekili seçileceksiniz"* sözünün gereği yapılan bir düzenleme mi?

Rüşvetle hazırlanan anayasalara, kanunlara karşı çıktığım için Hayır diyorum.

Bu milletin parasının boşa harcamasına karşı olduğum için Hayır diyorum!

## 3.Üçüncü Madde: 18 Yaşında Milletvekili Olmak

**MADDE 3-** 2709 sayılı Kanunun 76 ncı maddesinin birinci fıkrasında yer alan *"Yirmibeş"* ibaresi *"Onsekiz"* şeklinde, ikinci fıkrasında yer alan *"yükümlü olduğu askerlik hizmetini yapmamış olanlar,"* ibaresi *"askerlikle ilişiği olanlar,"* şeklinde değiştirilmiştir.

Demokrasilerin en önemli ilkelerinden biri temel hakların kullanımında eşitliğin sağlanması ilkesidir. Seyahat özgürlüğü herkes için var. Ama cebinizde otobüs bileti alacak paranız yoksa bu özgürlüğü kullanamazsınız. Cebinizde paranız yok iken, size seyahat özgürlüğü güzellemesi yapılması, sizin aptal yerine konulmanızdan başka bir anlam taşır mı?

Ben öğretmenim.

AKP'nin liseleri 4 yıla çıkarmasıyla birlikte geçmişte 18 yaşından gün almadan liseden mezun olanlar, şimdi 18 yaşından gün alıyorlar. Halen lise öğrencisi olan ve böyle bir anayasal hakka sahip olan çocuğuna annesinin-babasının, öğretmeninin milletvekili olmasını mı öğütlemesi gerekir, yoksa okulunu bitirmeyi, üniversite sınavında başarılı olmasını, mesleğini kazanması, iş bulmasını mı önermesi gerekir. 18 yaşındaki gençlerini eğitimlerine özendirmek yerine onu milletvekili olmaya özendirmek benim kabul edebileceğim bir ilke olamaz.

Elbette gençler, siyaset alanında olmalılar.

Kolay da öğreniyorlar, kendilerini geliştirmede önceki kuşaklara göre çok başarılılar.

Çocukların babalarından-annelerinden öğrendiği zamanı çoktan geride bıraktık. Bugün çocuklarımızın bizden öğrendiği kadar biz de onlardan öğreniyoruz.

Hangimiz kullandığımız cep telefonuna bir şey olduğunda çocuklarımızdan yardım almamışızdır?

Hangimiz bilgisayar konusunda çocuklarımız kadar yetenekli ve başarılıyız?

Biz eğitimciler, öğrencilerimizden, toplum içinde bağımsız birey haline gelmelerini, kendilerinin ailelerinden bağımsız biçimde yaşayabilme becerisi göstermelerini isteriz.

18 yaşında, işçinin, köylünün, asgari ücretlinin, memurun çocuğu bu hakkı nasıl kullanacak? Biri bunu bana anlatsın?

Bugünkü siyasal partiler ve seçim kanunu ortadayken biri lütfen anlatsın!

Bu hakkın kullanımı ancak birilerinin çocuklarının yararlanabileceği, genel başkanlar tarafından kullanılabilecek bir yetkiyle, onların insafıyla, gerçekleşebilecektir.

Bu madde, bu anayasa değişikliğini makyajlayarak satmak için buraya özel konmuştur.

Hedef, sözüm ona genç nüfusun, yeni oy kullanacak olanların evet demelerinin sağlanmasıdır.

Bu bir ülkenin gençlerine karşı yapabileceği en büyük kötülüktür. Onları aptal yerine koymaktır.

Bunun böyle olduğu da Cumhurbaşkanının bu konuda yaptığı açıklamada görülmektedir. Gelecekte 18 yaşında milletvekili olanlar, askerliklerini ertelemiş olmayacaklar, askerliğini yapmış sayılacaklarmış!

Terörle mücadele eden, ordusu sınırları dışında mücadele eden bir ülkede böyle bir vaatte bulunmak, bu ülkenin fedakâr evlatlarına karşı yapılacak en büyük kötülüktür. Yarın onlardan birçoğu sadece milletvekili olmadığı için askere gitmiş ve şehit olmuş olacak. Onlar torpilli olmadıklarından vatan görevlerini yapacaklar, torpilli genç hem milletvekili seçilecek, hem de bu görevden muaf olacak! Ne ala!

Bunları söylemek için, bu ülkenin geleceğine karşı özel projenin/projelerin neferi olmak gerekir. İçinde ülke birliğine, vatanseverliğe karşı kin büyüten biri olmak gerekir.

Sözümü burada kesiyorum.

Derdimi anlatmış olduğuma inanıyorum.

Ben gençlerimizden; *"eğitimime devam etmek, eğitimimi tamamladıktan sonra istihdam imkânı, iş güvencesi istiyorum"* demelerini bekliyorum.

İki –üç kişiyi geçmeyecek olan, *"babalarının çocuklarına"* vatan görevinden kaçma imkânı sağlayacak bir düzenlemeye HAYIR demelerini bekliyorum.

Bunu gönül rahatlığıyla yapacaklarından da eminim.

2010 referandumunda seçilme yaşı 25'e indirildi. Aynı gerekçeler söylendi.

Şu anda 550 milletvekili arasında 30 yaşın altında 25 yaş ve üzerinde seçilen 9 milletvekili var. Bu değişikliği 2010 Referandumuna devrim olarak koyan AKP'den seçilen milletvekili sayısı 2. Bunlardan 6'sı HDP'den, 1 CHP'den.

Bunlardan sadece CHP Milletvekili, olması gereken siyasetin gereği olarak parti üyelerinin oylarıyla aday olmuştur. Diğerleri ise genel başkanlardan belirlenmiş isimlerdir.

25 yaşın uygulaması bu ise 18 yaşın uygulaması söyleyin nasıl olur?

Gençlerimizin geleceğine katkı sağlamayacağından, gerçekleşmesi durumunda bundan yararlanacak olanların *"babalarının çocukları"* statüsüne sahip olanlar ile genel başkanların torpilline sahip olanlar olacağından karşıyım.

Yürekten Hayır diyorum!

## 4.Dördüncü Madde: Cumhurbaşkanı ve Milletvekili Seçimlerinin 5 yılda Bir Yapılması

**MADDE 4-** 2709 sayılı Kanunun 77 nci maddesi başlığıyla birlikte aşağıdaki şekilde değiştirilmiştir.

"C. Türkiye Büyük Millet Meclisi ve Cumhurbaşkanının seçim dönemi

MADDE 77- Türkiye Büyük Millet Meclisi ve

Cumhurbaşkanlığı seçimleri beş yılda bir aynı günde yapılır.

Süresi biten milletvekili yeniden seçilebilir.

Cumhurbaşkanlığı seçiminde birinci oylamada gerekli çoğunluğun sağlanamaması halinde 101 inci maddedeki usule göre ikinci oylama yapılır."

Bu maddede iki önemli nokta var.

Birinci nokta, Cumhurbaşkanı ve Milletvekili seçimlerinin aynı gün yapılmasıdır.

Diğeri ise 4 yıl olan seçim süresinin 5 yıla çıkarılmasıdır.

Birincisinin üzerinde duralım: **Neden farklı tarihlerde değil de bir arada yapılıyor?**

Örneğin bizde milletvekili seçimleri ile yerel yöneticilerin seçimleri farklı tarihlerde yapılır. İkisi bir arada yapılamaz mı? Yapılır ama yapmamak daha demokratiktir.

İki açıdan olumlu bir uygulamadır. Birincisi iktidardaki parti veya partilere seçmen uyarıda bulunur. İkincisi iktidar ile muhalefet arasında uzlaşmayı öne çıkarır. Uzlaşma kültürüne büyük katkı sağlar.

Cumhurbaşkanı ve milletvekili seçimleri farklı zamanlarda yapılırsa, yerel ve genel seçimlerin farklı zamanda yapılmasında görülen yararlar burada da görülecektir.

Türkiye'nin demokratikleşme davasına ihanet belgesi olan bu değişiklik teklifinde amaç, Cumhurbaşkanlığını kazanan partinin TBMM'de çoğunluk olmasını sağlamaktır. Böylece Cumhurbaşkanı, yürütmeyi elinde bulunduracak, aynı zamanda sonraki maddelerde görüleceği üzere parti üyesi, genel başkan sıfatıyla TBMM'yi de teslim alacak.

Seçim süresinin 4 yıldan 5 yıla çıkarılmasının mantığı nedir?

Türkiye'ye ne kazandırır?

Eğer istikrar diyorsanız, bunun tersi de geçerlidir. Kötü bir yönetim sergileyen ülkede, kriz yaratan, toplumu kutuplaştıran bir yönetime daha fazla zaman tanımak anlamına da gelmez mi?

Bir kez daha söylüyorum, **bir ülkenin istikrarı; kişilerde istikrar değil, kurumlarda, kurallarda istikrardır**.

Türkiye 15 yıllık tek parti yönetiminde geçmişinde olmadığı kadar istikrarsızlık yaşamıştır, yaşamaya devam etmektedir.

Başlı başına bu anayasa değişikliği dahi istikrarsızlığı ifade etmektedir.

2007 Referandumu'nda bu halk %68 oyla genel seçimlerin 5 yıldan 4 yıla indirilmesi için oy verdi.

Şimdi 2007 Referandumu'nda oy kullanan 5 yıla evet demeyi düşünen yurttaşlarıma soruyorum:

Karar ver, sen 2007'de mi doğru düşünüyordun, şimdi mi?

Karar ver, sen önüne sandık konulduğunda ülkenin kaderini belirliyorsun, hangisinde haklısın?

Bu ülkede senin tercihinin sonunda sende, senin kararına katılmayanlar da bedel ödüyor.

Mesele ülke meselesi olduğunda o gün öyle bugün böyle davranma hakkımız olabilir mi?

Bir düşün hangi konumdasın?

Önüne konulana o gün doğru bugün yanlış demek nasıl bir beceridir?

Kardeşim, anlamak özgürlüğe, özgür iradeye açılan kapıdır.

Anlamak için önce bir karar gerekir. Karar vermeden önce farklı seçenekler, bilgiler arasında tercih yapmak gerekir. Tercih yapmadan önce düşünce alışverişlerinde bulunmak, bunun için de bilgi edinmiş olmak gerekir.

Sorgulayacaksın, soracaksın; *"bana 5 yıl kötü 4 yıl olsun dediniz, size inandım oy verdim. Şimdi neden 10 yıl önce kötü dediğimiz şeye şimdi böyle daha iyi diyeyim?"*

Özgür olmak davranışlarını, kararlarını denetleyen insan olmaktır.

Düştüğün durumu anlıyor musun, kardeşim!

Senin önüne referandum sandığı konulmadan önce referandumun yapılma süresi 120 günden 45 güne indirildi. *(Bkz: Kanun No. 5682* **Anayasa Değişikliklerinin Halkoyuna Sunulması Hakkında Kanunda Değişiklik Yapılmasına Dair Kanun**. *Kabul Tarihi: 2/6/2007)*

Yoğunlaştırılmış propagandanın etkisinde kalasın diye...

İki de bir referandum öznesi haline getirilmen için...

25 Mayıs 2007 tarihinde görüşülen Anayasa değişikliğinde bu konu imaj, cila idi. Sonradan o değişikliğin pazarlanmasında kullanıldı. Milletvekilliği süresini 5 yıldan 4 yıla indiriyoruz denildiğinde bunun karşısında kim hayır diyebilirdi? Hayır diyene neler denmezdi. 25 yaş değişikliği ile birlikte değişikliğin diğer maddelerinin kamuoyunda tartışılmasının engellenmesi sağlanmak istenmişti. Tıpkı bu değişiklikte seçilme yaşının 18'e indirilmesi, milletvekili sayısının 600'e çıkarılması gibi.

Hatırlıyorum kimse bu değişiklik için olumsuz görüş belirtmediği halde neler söylendi...

Kanun teklifinin gerekçesine genel seçimlerin süresinin 5 yılı tamamlayamadığı yazılmıştı. TBMM Genel Kurulunda AKP sözcülerinden biri bu değişikliğin gerekçesini şöyle anlatmıştı:

**"Türkiye'nin içinde bulunduğu zor koşullar, yılların biriktirdiği çetin sorunlar** *dikkate alınarak seçimlerin dört yılda bir yapılması ve millet iradesinin yenilenmesi, savunulan bir görüştür. Birçok parti ve sivil toplum örgütü de, seçimlerin dört* *yılda bir yapılmasını savunmaktadır. İşte bu toplumsal talepleri dikkate alan partimiz, Cumhurbaşkanının halk tarafından seçilmesi düzenlemesiyle birlikte, seçimlerin dört yılda yapılması değişikliğini Meclise getirmiştir." (Genel Kurul Tutanağı, 22. Dönem 5. Yasama Yılı, 102. Birleşim 07/Mayıs /2007) (https:// www.tbmm.gov.tr/develop/owa/tutanak_g_sd.birlesim_baslangic?P4=19910&P5=B&PAGE1=1&PAGE2=89)*

AKP sözcüsünün cümlelerinde yer alan ***"Türkiye'nin içinde bulunduğu zor koşullar, yılların biriktirdiği çetin sorunlar"*** gerekçesi dikkate alındığında 2017 yılında Türkiye, 2007 yılından daha mı az sorunludur, yılların biriktirdiği çetin sorunlar bakımından daha mı iyi durumdadır?

İşte bu yalanlardan dolayı bu maddeye HAYIR diyorum.

## 5. Beşinci Madde: Türkiye Büyük Millet Meclisine Bırakılan Yetkiler

> **MADDE 5-** 2709 sayılı Kanunun 87 nci maddesi aşağıdaki şekilde değiştirilmiştir.
>
> *"MADDE 87- Türkiye Büyük Millet Meclisinin görev ve yetkileri, kanun koymak, değiştirmek ve kaldırmak; bütçe ve kesinhesap kanun tekliflerini görüşmek ve kabul etmek; para basılmasına ve savaş ilânına karar vermek; milletlerarası andlaşmaların onaylanmasını uygun bulmak, Türkiye Büyük Millet Meclisi üye tamsayısının beşte üç çoğunluğunun kararı ile genel ve özel af ilânına karar vermek ve Anayasanın diğer maddelerinde öngörülen yetkileri kullanmak ve görevleri yerine getirmektir."*

Bu maddeden *"Bakanlar Kurulunu ve bakanları denetlemek;*

*Bakanlar Kuruluna belli konularda kanun hükmünde kararname çıkarma yetkisi vermek"* çıkarılıyor. Gerekçe; bu yetkiler artık Cumhurbaşkanı tarafından kullanılacak. Bakanlar Kurulu, artık TBMM'de kendisini seçen Cumhurbaşkanına karşı sorumlu olacak.

Bu değişiklik sonraki değişikliklerle beraber gerçek anlamda bir rejim değişikliğini öngören ilk maddedir.

Bunu söylerken farazi bir şey söylemiş olmuyorum.

Türkiye'nin yönetim sisteminin merkezinde TBMM bulunmaktaydı. Bu kurum bu ülkenin vatandaşlarının tümünün temsil edilmesinden dolayı milletin meclisidir. Meclis meşruiyetini milletin tümünden alır. Diğer kurumlar da meşruiyetlerini TBMM'den alır. Yasama yetkisi bu kurumda olduğu için bütün kurumlar kanunla kurulduğu için TBMM merkezi konumdadır.

Bizim sistemimizde yürütme yetkisi TBMM içinde çoğunluk sağlayarak elde edilir.

Çoğunluğu sağlayarak hükümet kurma yetkisini alan parti veya kişi hükümeti kurarsa içinden çıktığı kuruma, TBMM'ye karşı sorumludur. Hükümet daha kurulurken TBMM'nin desteğini kazanmak, güvenoyu almak durumundadır. Sonraki her adımında da bu desteği korumak durumundadır.

Neden TBMM'ye karşı sorumludur?

Çünkü TBMM; milletin tümünü temsil eder.

Bu değişiklik Milletin tümünün iradesini devre dışı bırakıp onun yerine, ona müdahale de edebilen Milletin %50+1 iradesi, tercihi esasına dayanan bir sistem kurmak rejim değişikliği değil de nedir?

Laf kalabalığı yapmanın anlamı yok. Parlamenter rejimden, ucube bir rejime geçilmek isteniyor.

Rejim, dilimize Fransızcadan giren bir sözcük.

Sistem de öyle Fransızcadır.

İster Türkçe sözlük alın elinize bakın, ister Fransızca-Türkçe sözlük...

Fransızca'da *"rejim"*, konumuzla ilgili olmayan anlamlarını dikkate almaz iseniz yönetim, yönetim biçimi, düzeni, anlamlarına geliyor.

*"Sistem"*de diğer anlamlarını dikkate almaz isek düzen, yol yöntem anlamına sahip.

Biz rejimi değiştirmiyoruz, sistemi değiştiriyoruz derken, neyin sistemini değiştiriyorsunuz?

Yönetme sistemini değiştirmiyor musunuz?

Yönetim biçimi olarak Cumhuriyetin sahip olduğu demokratik, güçler ayrılığına dayalı yönetim ilkesini değiştirmiyor musunuz?

Rejimi değil sistemi değiştiriyoruz....Öyle mi?

İnsanın aklına bu kadar hakareti ancak Türkiye'ye böyle bir Anayasal düzen düşünebilen yapabilir!

Bu maddeye işte bundan dolayı karşıyım.

Ha sistem, ha rejim, Cumhuriyetin yönetim anlayışını değiştirdiği için HAYIR diyorum.

Milletin tümünün temsilcisi olan o büyük ve gazi Meclisi, sistemin merkezinden çıkardığı için HAYIR diyorum.

Millet iradesini parçalayan bir madde olduğu için HAYIR diyorum.

Sorumsuz bir yürütmenin ilk adımını düzenleyen madde olduğu için HAYIR diyorum.

Aziz milletime de şunu söylemek istiyorum:

Buna evet dersen unvanım, statüm Milletvekili olacak, gerçekte ise sadece bu sıfatla maaş alan biri olacağım.

Benim temel görevlerimden birini alırken farkında mısın bana da artık *"vekilim"* demen sadece eski bir alışkanlık veya şaka olacak.

Benden hesap sorman da mümkün olmayacak.

## 6. Altıncı Madde:
## TBMM'nin Denetleme Yetkilerinin Budanması

**MADDE 6**- 2709 sayılı Kanunun 98 inci maddesi aşağıdaki şekilde değiştirilmiş ve kenar başlığı metinden çıkarılmıştır.

"MADDE 98- Türkiye Büyük Millet Meclisi; Meclis araştırması, genel görüşme, Meclis soruşturması ve yazılı soru yollarıyla bilgi edinme ve denetleme yetkisini kullanır.

Meclis araştırması, belli bir konuda bilgi edinmek için yapılan incelemeden ibarettir.

Genel görüşme, toplumu ve Devlet faaliyetlerini ilgilendiren belli bir konunun Türkiye Büyük Millet Meclisi Genel Kurulunda görüşülmesidir.

Meclis soruşturması, Cumhurbaşkanı yardımcıları ve bakanlar hakkında 106 ncı maddenin beşinci, altıncı ve yedinci fıkraları uyarınca yapılan soruşturmadan ibarettir.

Yazılı soru, yazılı olarak en geç onbeş gün içinde cevaplanmak üzere milletvekillerinin, Cumhurbaşkanı yardımcıları ve bakanlara yazılı olarak soru sormalarından ibarettir.

Meclis araştırması, genel görüşme ve yazılı soru önergelerinin verilme şekli, içeriği ve kapsamı ile araştırma usulleri Meclis İçtüzüğü ile düzenlenir."

Bu maddeyle TBMM'nin hükümet üzerinde yaptırımı olan denetim mekanizmalarından güvenoyundan sonra en etkili denetim aracı olan Gensoru kaldırılıyor. Soruşturma önergesi de kullanılamaz hale getiriliyor.

Mevcut anayasal düzende yasamanın, TBMM'nin, hükümeti denetlemesi iki biçimde düzenlenmiştir. Birincisi yaptırımı olan denetleme yöntemleridir. Bunlar *"güvenoyu"*, *"gensoru"* ve *"soruşturma komisyonu"*nun kurulmasıdır.

İkincisi bilgi edinmeye dayalı incelemede bulunmaktır. *"Sözlü"* ve *"yazılı soru önergesi"* ile *"genel görüşme"* tamamen bilgi edinme amaçlıdır. *"Meclis Araştırması"* ise hem bilgi edinme, hem inceleme yapmayı mümkün kılan denetim yoludur.

TBMM adına Sayıştay'ın denetim yapamaz hale getirilmesiyle bu değişiklikler bir arada düşünüldüğünde, ortaya seçildikten sonra asla hesap sorulamayacak olan, hatta hukuki denetimin dahi yapılamayacağı bir yürütme organı çıkmaktadır.

Bu değişiklikle sistemin merkezi *"yasama"*dan, *"yürütme"*-ye geçmiş oluyor.

TBMM sadece yasa yapılan yer değildir.

Türkiye'nin sorunlarının tartışıldığı, konuşulduğu ve bu nedenle toplumsal kanaatlerin oluşmasındaki en etkin kurumlardan biridir.

İnsanlığın tarihsel birikimi içinde TBMM; Eski Yunan Demokrasilerindeki Arenaların üstlendiği tartışma, birlikte karar alma görevini bugüne taşıyan kurumdur.

Kendi tarihimizdeki *"kurultay"*, *"şura"* geleneğinin millet adına devam ettirildiği yerdir.

Bu geleneği yıkan bu maddeye HAYIR diyorum.

Yürütme organının TBMM'ye karşı sorumlu olmasının ortadan kaldırılması hem uluslararası demokrasi tarihinin kazanımlarından geriye gidilmesi, hem de tarihi geleneğimizle olan bağın koparılmasıdır.

Ey! Evet demeyi düşünen demiyorum, düşünebilen kardeşim, bilesin ki iktidara getirdiğin, yanlış yapan, senin vergini çalan, doğru yerde kullanmayan, aldığı karar ya da kararla seni mağdur eden insandan hesap sorman mümkün olmayacak.

Yapılanın, yapanın yanına kar olarak kaldığı sistemde sandıkta o yerine bu demek hesap sormak değildir.

Hesap sormak yanlış yapana, suç işleyene yaptırım uygulayabilmektir. Bunun yolu da yargı denetimiyle ceza yaptırımının uygulanmasını sağlamak ya da suç işleyenin görevine son vermektir.

Siyasi özgürlükler ancak yasama organı olan Mecliste karşılığını bulur. Çünkü Meclis, hükümeti kuran çoğunlukla ona muhalefet edeni bir arada bulundurur. İktidarı, eleştirinin gücüyle karşı karşıya getirir. İktidar gücü karşısında denge görevini yerine getiremeyen bir Meclis, demokrasinin güçlenmesine, Türkiye'nin o büyük demokratikleşme davasına hizmet edemez. Demokrasiyi, otoriter sistemlerden ayırmada en güçlü kurum olma özelliğini kaybeder. Bu nedenle HAYIR diyorum.

Yürütmeyi hesap sorulamaz hale getiren bir düzenleme olduğu için bu maddeye HAYIR diyorum.

## 7. Yedinci Madde: Cumhurbaşkanının Seçilmesi

**MADDE 7-** 2709 sayılı Kanunun 101 inci maddesi başlığıyla birlikte aşağıdaki şekilde değiştirilmiştir.

"A. Adaylık ve seçimi

MADDE 101- Cumhurbaşkanı, kırk yaşını

doldurmuş, yükseköğrenim yapmış, milletvekili seçilme yeterliliğine sahip Türk vatandaşları arasından, doğrudan halk tarafından seçilir.

Cumhurbaşkanının görev süresi beş yıldır. Bir kimse en fazla iki defa Cumhurbaşkanı seçilebilir.

Cumhurbaşkanlığına, siyasi parti grupları, en son yapılan genel seçimlerde toplam geçerli oyların tek başına veya birlikte en az yüzde beşini almış olan siyasi partiler ile en az yüzbin seçmen aday gösterebilir.

Cumhurbaşkanı seçilen milletvekilinin Türkiye Büyük Millet Meclisi üyeliği sona erer.

Genel oyla yapılacak seçimde, geçerli oyların salt çoğunluğunu alan aday, Cumhurbaşkanı seçilir. İlk oylamada bu çoğunluk sağlanamazsa, bu oylamayı izleyen ikinci pazar günü ikinci oylama yapılır. Bu oylamaya, ilk oylamada en çok oy almış iki aday katılır ve geçerli oyların çoğunluğunu alan aday, Cumhurbaşkanı seçilir.

İkinci oylamaya katılmaya hak kazanan adaylardan birinin herhangi bir nedenle seçime katılmaması halinde; ikinci oylama, boşalan adaylığın birinci oylamadaki sıraya göre ikame edilmesi suretiyle yapılır. İkinci oylamaya tek adayın kalması halinde, bu oylama referandum şeklinde yapılır. Aday, geçerli oyların salt çoğunluğunu aldığı takdirde Cumhurbaşkanı seçilir. Oylamada, adayın geçerli oyların çoğunluğunu alamaması halinde, sadece Cumhurbaşkanı seçimi yenilenir.

Seçimlerin tamamlanamaması halinde, yenisi göreve başlayıncaya kadar mevcut Cumhurbaşkanının görevi devam eder.

Cumhurbaşkanlığı seçimlerine ilişkin diğer usul ve esaslar kanunla düzenlenir."

Daha önce milletvekili seçimlerinin tekrar 5 yıla çıkarılmasıyla ilgili söyledim.

Bize 2007 değişikliğinde Cumhurbaşkanının halk tarafından seçilmesi nasıl anlatıldı?

Elbette devrim dendi.

O devrimse bu değişiklik devrime karşı devrim mi oluyor?

Orada Cumhurbaşkanı adayının belirlenmesinde parti grup olarak aday gösterebileceği gibi 20 milletvekili de aday gösterebilir, dendi.

Şimdi 20 milletvekilinin aday göstermesi kalkıyor, grubu olan partiler, seçimlerde %5 alan veya yan yana geldiklerinde bu kadar oy alabilmiş partiler aday gösterebiliyor.

Partilerin dışında bağımsız aday olmak istiyorsan 100 bin imza bulman gerekecek. Elbette bunun uygulanması mümkün olmayacaktır.

Cumhurbaşkanını milletin tümünü temsil etme konumundan çıkardığı için bu maddeye HAYIR diyorum.

Bu değişikle parti bağı daha güçlü bir Cumhurbaşkanı, partizan bir Cumhurbaşkanı öngörüldüğü için HAYIR diyorum.

Partilerin içinden birden çok aday çıkmasına imkan vermediği, lider sultasını güçlendirdiği için HAYIR diyorum.

### 8. Sekizinci Madde: Cumhurbaşkanının Görevleri

MADDE 8- 2709 sayılı Kanunun 104 üncü maddesi aşağıdaki şekilde değiştirilmiştir.

"MADDE 104- Cumhurbaşkanı Devletin başıdır. Yürütme yetkisi Cumhurbaşkanına aittir.

Cumhurbaşkanı, Devlet başkanı sıfatıyla Türkiye Cumhuriyetini ve Türk Milletinin birliğini temsil eder; Anayasanın uygulanmasını, Devlet organlarının düzenli ve uyumlu çalışmasını temin eder.

Gerekli gördüğü takdirde, yasama yılının ilk günü Türkiye Büyük Millet Meclisinde açılış konuşmasını yapar.

Ülkenin iç ve dış siyaseti hakkında Meclise mesaj verir.

Kanunları yayımlar.

Kanunları tekrar görüşülmek üzere Türkiye Büyük Millet Meclisine geri gönderir.

Kanunların, Türkiye Büyük Millet Meclisi İçtüzüğünün tümünün veya belirli hükümlerinin Anayasaya şekil veya esas bakımından aykırı oldukları gerekçesiyle Anayasa Mahkemesinde iptal davası açar.

Cumhurbaşkanı yardımcıları ile bakanları atar ve görevlerine son verir.

Üst kademe kamu yöneticilerini atar, görevlerine son verir ve bunların atanmalarına ilişkin usul ve esasları Cumhurbaşkanlığı kararnamesiyle düzenler.

Yabancı devletlere Türkiye Cumhuriyetinin temsilcilerini gönderir, Türkiye Cumhuriyetine gönderilecek yabancı devlet temsilcilerini kabul eder.

Milletlerarası andlaşmaları onaylar ve yayımlar.

Anayasa değişikliklerine ilişkin kanunları gerekli gördüğü takdirde halkoyuna sunar.

Milli güvenlik politikalarını belirler ve gerekli tedbirleri alır.

Türkiye Büyük Millet Meclisi adına Türk Silahlı Kuvvetlerinin Başkomutanlığını temsil eder.

Türk Silahlı Kuvvetlerinin kullanılmasına karar verir.

Sürekli hastalık, sakatlık ve kocama sebebiyle kişilerin cezalarını hafifletir veya kaldırır.

Cumhurbaşkanı, yürütme yetkisine ilişkin konularda Cumhurbaşkanlığı kararnamesi çıkarabilir. Anayasanın ikinci kısmının birinci ve ikinci bölümlerinde yer alan temel haklar, kişi hakları ve ödevleriyle dördüncü bölümde yer alan siyasi haklar ve ödevler Cumhurbaşkanlığı kararnamesiyle düzenlenemez. Anayasada münhasıran kanunla düzenlenmesi öngörülen konularda Cumhurbaşkanlığı kararnamesi çıkarılamaz. Kanunda açıkça düzenlenen konularda Cumhurbaşkanlığı kararnamesi çıkarılamaz. Cumhurbaşkanlığı kararnamesi ile kanunlarda farklı hükümler bulunması halinde, kanun hükümleri uygulanır. Türkiye Büyük Millet Meclisinin aynı konuda kanun çıkarması durumunda, Cumhurbaşkanlığı kararnamesi hükümsüz hale gelir.

Cumhurbaşkanı, kanunların uygulanmasını sağlamak üzere ve bunlara aykırı olmamak şartıyla, yönetmelikler çıkarabilir.

Kararnameler ve yönetmelikler, yayımdan sonraki bir tarih belirlenmemişse, Resmî Gazetede yayımlandıkları gün yürürlüğe girer.

Cumhurbaşkanı, ayrıca Anayasada ve kanunlarda verilen seçme ve atama görevleri ile diğer görevleri yerine getirir ve yetkileri kullanır."

Bu madde bütün bu değişikliklerin nirengi noktasıdır. Eski haliyle Cumhurbaşkanı kalıyor, ona Başbakanın kullandığı, TBMM'nin, yargı organlarının kullandığı bazı yetkiler veriliyor.

Karşımıza klasik diktatörlere benzeyen bir politik kurum, o kurumun sahibi bir kişi çıkmakta.

Yanılmaz, sorgulanamaz, değiştirilemez, her zaman doğruyu bilen, herkesten önce herkesin iyiliğini düşünen bir yönetici ortaya çıkarıyoruz.

Verilen yetkilerle ortaya çıkan yönetici tipini ne kendi tarihimizde, ne de insanlığın tarihinde bulabilirsiniz. Geçmişimizde Hanlar, Kağanlar, Sultanlar, Padişahlar var. Onların hiçbirinde bu tür yetkiler yok. Üstelik bu yöneticiler Hanedanlara dayanmalarına rağmen böyledir. İnsanlık tarihinde en güçlü, muktedir yönetici tipi olarak Mısır'ın Firavunları anılır. Onlar Tanrılar adına ülkelerini yönetirdi. Onların dahi yetkilerini sınırlayan, karşısında denge kuran güçler vardı.

Sadece bu maddeyi okuyun, burada ortaya konulan yönetici tipinin bir örneğini bulamazsınız.

Biliyorsunuz, bu değişiklik için yol Başkanlık adıyla açılmaya çalışıldı. Görünürde, yürütmenin yasamanın dışında olması açısından bakıldığında rejim başkanlık rejimi. Ancak, yargıya müdahalesi, yasamaya müdahalesi açısından Başkanlık rejimiyle yan yana dahi getirilemez.

Kendileri de bu sistemin, rejimin bir benzerini yeryüzünde bulamamış olmalılar ki *"Türk Tipi Başkanlık"* dediler. Bunun aklı başında herkes tarafından Türk Milletine yapılmış hakaret sayıldığını görmüş olmalılar ki *"Cumhurbaşkanlığı Sistemi"* ifadesini kullanmaya başladılar.

Bu ülkede seçmen olup da okuma yazma bilmeyenlerin sayısı iyice azaldı. Ortalama okuryazarlık düzeyimiz 8 yıla ulaşmış bulunuyor. İlkokulda aldığımız Hayat Bilgisi, Ortaokulda aldığımız dersler, bu maddenin, hatta bu anayasa değişikliğinin ne anlama geldiği konusunda bize yeterli bilgiyi kazandırmış olmalıdır.

Bilmeliyiz ki yapacağımız tercih sadece kendimizi değil, başkalarını, herkesi etkileyecek.

Bu özelliği nedeniyle bu referandum bildiğimiz, alıştığımız

seçimlerle karıştırılmamalıdır.

Bunun partilerle, liderler bir ilgisi yoktur.

Bu siyasal temsilde bir yarış değildir.

Nasıl bir devlet, nasıl bir yönetim altında yaşamak istediğimizle ilgili bir oylama olacak.

Bu maddeyle Cumhurbaşkanı,

1. Yürütmenin başı. Bütün yönetim faaliyetleri onun emrinde oluyor.
2. Ama aynı zamanda devletin başı, tarafsız, kurumlar arasında eş güdüm sağlayıcı. Yine aynı zamanda bir partinin adayı olarak seçilmiş, yetmiyor o partinin üyesi, genel başkanı olabiliyor. Bir şapkasında tarafsızlık ki bunun için yemin ediyor, diğer şapkasında partizanlık var. Ben devletimin başında tarafsız, herkese eşit uzaklıkta birini görmek isterim. Ancak ona ben *"benim Cumhurbaşkanım"* diyebilirim.

Parti üyesi bir kişiye, onun başkanına ben neden Cumhurbaşkanım diyeyim?

Benim siyasi rakibim olan biri benim Cumhurbaşkanım olabilir mi?

Bu modern devlet olma idealimize vurulmuş en büyük darbedir bu nedenle HAYIR diyorum.

Bu maddede HAYIR dememem için o kadar çok gerekçe var ki devam ediyorum:

3. Devletin başı sıfatıyla TBMM'nin yasama yılının açılış konuşması yapma hakkına sahip olacak. Konuşmasında *"Ülkenin iç ve dış siyaseti hakkında Meclise mesaj verir."* deniliyor. Böyle bir ibare eklenmiş!

Meclis onun emrinde, kendisi onun üstünde olduğu için bilgi verir diyememişler, mesaj verir gibi bir ibare eklemişler.

Egemenlik Kayıtsız Şartsız Milletindir ilkesinin yok edilişinin en güzel örneklerinden biridir bu. Çünkü TBMM'nin yüzde yüzü, bütün milleti temsil ederken, %50+1'le seçilen kişi yüzde yüzün üstünde görülüyor.

Milletin tümünün, bölünmez birliğinin yansıması olan Meclisin üzerinde çoğunluk oyuyla bir başka kurum yaratan bir değişikliğe HAYIR diyorum.

4. Kanunları yayımlar, TBMM'ye geri gönderebilir, Anayasaya aykırılık gerekçesiyle iptal davası açabilir, referanduma gidebilir. Mevcut anayasanın tarafsız Cumhurbaşkanına ait yetkileri olduğu gibi bir parti genel başkanına veriliyor. Meclisin üzerinde boza pişireceği bir sistem yaratılıyor. Buna da Evet dememiz isteniyor.

Bu maddeleri okurken bir an için siyasi olarak kendinize en uzak gördüğünüz kişinin elinde bu yetkilerin olduğunu düşünün. İnanıyorum ki böyle düşündüğünüzde HAYIR diyeceksiniz.

Devam edelim.

5. Cumhurbaşkanı yardımcılarını, bakanları, üst kademe yöneticilerini atar, görevden alır. Bunların görevlendirilmesi ve görevden alınmasıyla ilgili usul ve esasları da Kararnameyle kendisi belirleyecek. Dilediği zaman da değiştirecek.

En önemli özelliği sadece halk tarafından seçilmek olan bir kişi, kamu yönetimini tek başına belirliyor. TBMM'deki konuşmamda böyle bir yetkinin Padişahda olmadığını söylemiştim.

Padişah sadrazamını, Şeyhülislamı seçer, diğer üst düzey yöneticileri çoğu zaman bunlar belirlerdi. 630 yıllık Osmanlı'da Padişahın Kadıları doğrudan kendisinin atadığına dair örnekler var mıdır bilmiyorum. Yöneticisi ve devletin sahibi sıfatıyla bunu kendileri değil Şeyhülislam, Kazaskerler atardı.

Kaç tane Cumhurbaşkanı yardımcısı atar, bilinmiyor. Bir mi, yüz mü, keyfine göre atayacak.

Üst kademe yöneticilerini atayacak, atama kriterlerini kim belirleyecek? Onu da kendisi belirleyecek.

Böyle bir yetki verilebilir mi?

Ayrıca 3 milyon memurun kaderi bir başkanın iki dudağı arasında çıkacak karara bağlanılıyor.

Bu referandumdan evet çıkarsa 3 milyon memurun, kamuda çalışan işçilerin iş güvencesi tümüyle ortadan kalkmış olacak.

Örneğin sabah Vali olarak atadığını yolda o görevden alabilir.

Kimlerin hangi kriterlerle o görevlere geleceğini belirleme yetkisi kamu düzenine sonsuz müdahale demektir.

Bunun için bu maddeye HAYIR diyorum.

6. Yurt dışında Türkiye Cumhuriyeti'ni temsil edecek olan Büyükelçileri görevlendirecek. Mevcut anayasada bu yetki Cumhurbaşkanının tarafsız ve devletin başı olma sıfatıyla gerçekleştirdiği bir yetkiydi.

Oysa bu değişikliğin öngördüğü Cumhurbaşkanı aynı zamanda bir partinin Genel Başkanı.

Onun böyle bir yetki kullanması devletle partinin birleştirilmesidir.

Devlet ile parti iktidarını birleştiren bu değişikliğe HAYIR diyorum.

7. Mevcut Anayasada Cumhurbaşkanı Milli Güvenlik Kurulunu toplar ve başkanlık ederdi. Bu ucube teklifte bir ülkenin Milli Güvenlik politikasını belirlemek, uygulamak tek kişiye ait olacak.

Bir ülkenin güvenliği tek kişinin kararlarına bırakılamayacağı için HAYIR diyorum.

8. Bu anayasa değişikliğine HAYIR dememin en önemli gerekçelerinden biri de Cumhurbaşkanının Kararname yayınlama yetkisine sahip olmasıdır. Değişiklikte sözde bu yetkiye sınırlar getirilmeye çalışılmakta... Yürütme ile ilgili olacak, Meclis o konuda yasa çıkarmamış olacak, temel haklarla ilgili olamayacak, Meclis yasa çıkarırsa da bu Kararnameler hükümsüz olacak.

İlk okuduğunuzda bu yetki için sınırlar çizilmiş diye düşünüyorsunuz. Cumhurbaşkanı dediğiniz insan aynı zamanda TBMM'de çoğunluğu elinde bulunduran partinin genel başkanı, OHAL ilan etme yetkisine sahip ise bu sınırlar, sınır olamaz!

Cumhurbaşkanı neden onlarca, yüzlerce maddeler içeren kanunları Mecliste görüştürsün? Elinde bu kararname yetkisi var iken Meclisin çıkaracağı kanunlar sadece birer maddelik torba kanunlar olur hatta onlar da temel yasa olarak görüşülür. Artık bu kanunların hepsi ilga kanunları olur. Ertesi gün de Kararname yürürlüğü girer.

Devlet Memurları Kanunu mu sorun çıkaran? Cumhurbaşkanı parti başkanı sıfatıyla bu kanunu ilga eden kanun çıkarın emrini verir, ertesi gün kendisinin hazırladığı ya da hazırlattığı ama asla tarafların tartışmadığı hükümler Kararname olarak yayınlanır.

Temel haklar ile Kararname çıkaramayacağı hüküm de sonraki maddelerde düzenlenen OHAL ilan etme yetkisiyle ortadan kalkmakta.

Türkiye Cumhuriyeti Devleti'nin temel mücadelesi hukuk devleti olmaktır. Bunu tam olarak başardığımız söylenemez ama kanun devleti olmakta zaman zaman başarılı olduk. Bu değişikliğe evet denilirse değil hukuk devleti, kanun devleti dahi olamayacağız. Kararnamelerle yönetilen devlet olacağız.

Hukuk devleti olma idealiyle ilgisi olmayan kararname devleti modelini dayatan anayasa değişikliğine HAYIR diyorum.

Zaten şu anda OHAL dönemindeyiz.

OHAL yetkilerinin nasıl kullanıldığını görüyor ve yaşıyoruz.

Yarın, bugünlerimiz için iyi günlerimiz dememek için HAYIR diyorum.

## 9. Dokuzuncu Madde: Cumhurbaşkanının Cezai Sorumluğu

**MADDE 9-** 2709 sayılı Kanunun 105 inci maddesi başlığıyla birlikte aşağıdaki şekilde değiştirilmiştir.

"E. Cumhurbaşkanının cezai sorumluluğu

MADDE 105- Cumhurbaşkanı hakkında, bir suç işlediği iddiasıyla Türkiye Büyük Millet Meclisi üye tamsayısının salt çoğunluğunun vereceği önergeyle soruşturma açılması istenebilir. Meclis, önergeyi en geç bir ay içinde görüşür ve üye tamsayısının beşte üçünün gizli oyuyla soruşturma açılmasına karar verebilir.

Soruşturma açılmasına karar verilmesi halinde, Meclisteki siyasi partilerin, güçleri oranında komisyona verebilecekleri üye sayısının üç katı olarak gösterecekleri adaylar arasından her siyasi parti için ayrı ayrı ad çekme suretiyle kurulacak onbeş kişilik bir komisyon tarafından soruşturma yapılır. Komisyon, soruşturma sonucunu belirten raporunu iki ay içinde Meclis Başkanlığına sunar. Soruşturmanın bu sürede bitirilememesi halinde, komisyona bir aylık yeni ve kesin bir süre verilir.

Rapor Başkanlığa verildiği tarihten itibaren on gün içinde dağıtılır, dağıtımından itibaren on gün içinde Genel Kurulda görüşülür. Türkiye Büyük Millet Meclisi, üye tamsayısının üçte ikisinin gizli oyuyla Yüce Divana sevk kararı alabilir. Yüce Divan yargılaması üç ay içinde tamamlanır, bu sürede tamamlanamazsa bir defaya mahsus olmak üzere üç aylık ek süre verilir, yargılama bu sürede kesin olarak tamamlanır.

Hakkında soruşturma açılmasına karar verilen Cumhurbaşkanı, seçim kararı alamaz.

Yüce Divanda seçilmeye engel bir suçtan mahkûm edilen Cumhurbaşkanının görevi sona erer.

Cumhurbaşkanının görevde bulunduğu sürede işlediği iddia edilen suçlar için görevi bittikten sonra da bu madde hükmü uygulanır."

Öyle bir Cumhurbaşkanı ki her türlü yetkiye sahip ama asla hesap vermez. Kendisinden asla hukuk yoluyla hesap sorulamaz.

Ben bu maddeyi okuduğumda böyle anlıyorum.

Onlar ise artık Cumhurbaşkanından da hesap sorulabilecek diyorlar. Bu değişikliğin mimarı, Devlet Bahçeli cephesine göre

Cumhurbaşkanının vatana ihanetin dışında sorumsuz olmasından sorumlu hale getirilmesi, kendilerinin bu değişiklikteki en önemli katkılarıymış.

Nasıl bir yalandır bu?

Diyorlar ki şu an görevdeki Cumhurbaşkanını 550 Milletvekili bulunan bir mecliste 413 imza ile Yüce Divana gönderebiliyoruz. Oysa şimdi milletvekili sayısı 600 olacak. Buna rağmen Cumhurbaşkanı 400 imza ile yüce divana gönderilebiliyor. Öncekinden daha kolay Yüce Divana sevk edilmeyi getiriyoruz, açıklamalarında bulunuyorlar.

Yalandan kim ölmüş!

Türkiye'nin *"3 Y"* sorunu vardı. Yoksulluk, yolsuzluk ve yasaklar. Şimdi *"5 Y"* sorunu var. Bunlara yüzsüzlük ve yalan da eklendi.

Bu değişiklik Başbakanlığı kaldırıyor, ona ait yetkileri Cumhurbaşkanına aktarıyor. Yetkiler Başbakanın yetkileriyse bu yetkilerin denetlenmesi Mecliste geçmişte nasıl oluyorsa öyle olması gerekmez mi?

Mevcut anayasada Başbakan hakkında soruşturma nasıl açılıyor? 550 milletvekilinin 1/10'nun imzasıyla yani 55 Milletvekilinin imzasıyla açabiliyor. Şimdi 300 milletvekilinin imzasıyla açabilecek.

Başbakan 550 milletvekilinin yarıdan bir fazlasının oyuyla Yüce Divana sevk edilebiliyorken, onun yetkileri devredilen kişi için soruşturma ancak 600 milletvekilinin 5/3'nün, yani 360 milletvekilinin oyu ile açılabiliyor. Yüce Divana gönderebilmekde ancak 600 milletvekilinin 3/2'sinin, yani 400 milletvekilinin oyuyla mümkün.

Cumhurbaşkanı seçilmiş aynı zamanda Mecliste grubu bulunan bir partinin genel başkanı olan birini bu koşullarda Yüce Divan'a gönderebilmek mümkün müdür?

Ayrıca diyelim ki böyle bir Mucize gerçekleşti.

Yüce Divan görevini üstlenecek olan Anayasa Mahkemesinin 15 üyesinin 12'sini cumhurbaşkanının atadığı mahkeme onu nasıl yargılayacak?

Biri bu gerçekler ışığında Cumhurbaşkanının kullandığı yetkilerden dolayı denetlenebildiğini bana da, halka da anlatsın!

Ayrıca bu zırh, görev süresi bittikten sonra da devam edecek.

Yargılanamaz, sorumlu tutulamaz, buna karşılık sonsuz yetki sahibi Cumhurbaşkanına HAYIR diyorum.

Diktatör, benim Cumhurbaşkanım olamaz!

Ben devletimin başında herkesin Cumhurbaşkanını görmek istiyorum, diktatör değil.

O nedenle bu maddeye HAYIR diyorum.

## 10. Onuncu Madde:
## Yardımcıları, Kendisine Vekâlet ve Bakanlarının Durumu

**MADDE 10-** 2709 sayılı Kanunun 106 ncı maddesi başlığıyla birlikte aşağıdaki şekilde değiştirilmiştir.

"F. Cumhurbaşkanı yardımcıları, Cumhurbaşkanına vekâlet ve bakanlar

MADDE 106- Cumhurbaşkanı, seçildikten sonra bir veya daha fazla Cumhurbaşkanı yardımcısı atayabilir.

Cumhurbaşkanlığı makamının herhangi bir nedenle boşalması halinde, kırkbeş gün içinde Cumhurbaşkanı seçimi yapılır. Yenisi seçilene kadar Cumhurbaşkanı yardımcısı Cumhurbaşkanlığına vekâlet eder ve Cumhurbaşkanına ait yetkileri kullanır. Genel seçime bir yıl veya daha az kalmışsa Türkiye

Büyük Millet Meclisi seçimi de Cumhurbaşkanı seçimi ile birlikte yenilenir. Genel seçime bir yıldan fazla kalmışsa seçilen Cumhurbaşkanı Türkiye Büyük Millet Meclisi seçim tarihine kadar görevine devam eder. Kalan süreyi tamamlayan Cumhurbaşkanı açısından bu süre dönemden sayılmaz. Türkiye Büyük Millet Meclisi genel seçimlerinin yapılacağı tarihte her iki seçim birlikte yapılır.

Cumhurbaşkanının hastalık ve yurt dışına çıkma gibi sebeplerle geçici olarak görevinden ayrılması hallerinde, Cumhurbaşkanı yardımcısı Cumhurbaşkanına vekâlet eder ve Cumhurbaşkanına ait yetkileri kullanır.

Cumhurbaşkanı yardımcıları ve bakanlar, milletvekili seçilme yeterliliğine sahip olanlar arasından Cumhurbaşkanı tarafından atanır ve görevden alınır. Cumhurbaşkanı yardımcıları ve bakanlar, 81 inci maddede yazılı şekilde Türkiye Büyük Millet Meclisi önünde andiçerler. Türkiye Büyük Millet Meclisi üyeleri, Cumhurbaşkanı yardımcısı veya bakan olarak atanırlarsa üyelikleri sona erer.

Cumhurbaşkanı yardımcıları ve bakanlar, Cumhurbaşkanına karşı sorumludur. Cumhurbaşkanı yardımcıları ve bakanlar hakkında görevleriyle ilgili suç işledikleri iddiasıyla, Türkiye Büyük Millet Meclisi üye tamsayısının salt çoğunluğunun vereceği önergeyle soruşturma açılması istenebilir. Meclis, önergeyi en geç bir ay içinde görüşür ve üye tamsayısının beşte üçünün gizli oyuyla soruşturma açılmasına karar verebilir.

Soruşturma açılmasına karar verilmesi halinde, Meclisteki siyasi partilerin, güçleri oranında komisyona verebilecekleri üye sayısının üç katı olarak gösterecekleri adaylar arasından, her siyasi parti için ayrı ayrı ad çekme suretiyle kurulacak onbeş kişilik bir komisyon tarafından soruşturma yapılır. Komisyon, soruşturma sonucunu belirten raporunu iki ay içinde Meclis Başkanlığına sunar. Soruşturmanın bu sürede bitirilememesi halinde, komisyona bir aylık yeni ve kesin bir süre verilir.

Rapor Başkanlığa verildiği tarihten itibaren on gün içinde dağıtılır ve dağıtımından itibaren on gün içinde Genel Kurulda görüşülür. Türkiye Büyük Millet Meclisi, üye tamsayısının üçte ikisinin gizli oyuyla Yüce Divana sevk kararı alabilir. Yüce Divan yargılaması üç ay içinde tamamlanır, bu sürede tamamlanamazsa bir defaya mahsus olmak üzere üç aylık ek süre verilir, yargılama bu sürede kesin olarak tamamlanır.

Bu kişilerin görevde bulundukları sürede, görevleriyle ilgili işledikleri iddia edilen suçlar bakımından, görevleri bittikten sonra da beşinci, altıncı ve yedinci fıkra hükümleri uygulanır.

Yüce Divanda seçilmeye engel bir suçtan mahkûm edilen Cumhurbaşkanı yardımcısı veya bakanın görevi sona erer.

Cumhurbaşkanı yardımcıları ve bakanlar, görevleriyle ilgili olmayan suçlarda yasama dokunulmazlığına ilişkin hükümlerden yararlanır.

Bakanlıkların kurulması, kaldırılması, görevleri ve yetkileri, teşkilat yapısı ile merkez ve taşra teşkilatlarının kurulması Cumhurbaşkanlığı kararnamesiyle düzenlenir."

Halkın onayına sunulan bu değişiklik, temelde demokrasi düşüncesinden uzak olmanın yanında ülkemizin için ciddi biçimde güvenlik ve beka sorunu olabilecek değişiklikleri de içermektedir,

Neden böyle bir kaygı taşıyorum anlatmaya çalışayım.

Bu kadar yetkiye sahip bir kişinin öyle ya da böyle yönlendirilmesi, moda haline gelen *"kandırıldım"* sözünde olduğu gibi kandırılması çok daha kolay olacaktır. Örneğin devlet, sözlü emirden çok, yazılı emirle çalışır. Bu tür bir iktidar yapısında devletin çalışma sistematiği giderek sözlü emirlere dönüşecektir.

İkinci nokta, devletin çalışanlarının aynı zamanda parti üyesi olmasa bile partili gibi davranması olağan bur durum olacaktır.

Artık istihbarat örgütlerinin, devlete karşı özel olarak örgütlenmiş olanların yolu kısalmıştır. Başkana ve onun dar ekibine ulaşmak yeterli olacaktır.

FETÖ, 2015 yılına geride 40 yıl bırakarak gelmişti. Bu tür bir yönetim anlayışının olduğu yerde birkaç kişinin kripto mürit haline getirilmesi yetip de artacaktır.

Sayın Cumhurbaşkanının Suriye Politikasıyla ilgili geriye dönük konuşmaları tarandığında özellikle ABD yetkilileriyle yaptığı konuşmaların çoğunun söze dayandığı kendi sözlerinden anlaşılacaktır. ABD; bize verilen sözleri tutmadı derken dikkat edilsin yazılı bir anlaşmaya atıf yoktur.

Tek adam uluslararası güçler tarafından kolay kontrol altına alınabilir.

Bu hatırlatmaların ışığında;

1. Cumhurbaşkanının yardımcılarının sayısına bir sınır konulmamıştır. Kendisine vekâlet verilerek ve aynı yetkileri kullanabilecek bu insanların milletin onayından geçmemiş olmasını asla kabul edemem.

2. Bu kişilerin TBMM'de yemin etmeleri ve milletvekili dokunulmazlığına sahip olmaları kabul edilemez.

Milletten alınan vergileri harcama yetkisine sahip bu insanların yanlışlarına dokunamayan bir sisteme ancak HAYIR derim.

Cumhurbaşkanının tabii olduğu meclis soruşturması koşullarının, seçilmemiş olan yardımcıları ve Bakanlar için de geçerli olması kabul edilemez. Bu zırhın görevlerinin bitmesinden sonra sürmesi de ayrıca bir garabettir.

3. Milletvekillerinin Bakan olarak atanması durumunda Milletvekilliğini kaybetmesi yetkisi kötü amaçlar için kullanılmaya açıktır. Çünkü milletvekillerinin Bakanlığı kabul ya da kabul etmeme hakları bulunmamaktadır. Milletvekilliklerinin düşürülmesi sadece bakan olarak atandıklarıyla ilgili Cumhurbaşkanlığı yazısının Resmi Gazete'de yayımlanması yeterli olacaktır. 15 yıllık AKP iktidarında yaşadıklarımızı gözümün önüne getirdiğimde bu, olmayacak bir şey değildir.
4. Bu maddenin Türkiye için bir beka sorunu olmasını sağlayacak diğer hükmü son fıkrasıdır. TBMM'nin sahip olduğu bu yetkinin Cumhurbaşkanına tanınması, yürütmenin kamu yönetiminde Türkiye'nin birlik ve beraberliğini baltalayacak örgütlenmelere dönüşmesine izin verebilir. Bunun zeminini sağlayabilir.

Hangi alanlarda Bakanlık kurulacağı Cumhurbaşkanının isteğine bağlı.

Yarın sabah kalktığında Balıkçılık Bakanlığı, öbür gün Öğretmenler Bakanlığı kurdum diyebilir.

Tarım Bakanlığını kaldırdım diyebilir.

Kafasına göre bakanlık kurabilir, kapatabilir.

Tarihimizde bütün yöneticilerimiz Fatih Sultan Mehmet, Atatürk değildir. Tarihimizde Deli İbrahimler de var.

Yetmedi bir özerk bölge kurabilir.

Bakanlıkların teşkilatları, bölgesel düzeyde farklılaştırılmasının önünde kim engel olabilir.

Ayrıca Cumhurbaşkanın Bakanlık teşkilatları kurma yetkisinin tanınması var olan devlet kurumlarının yapısında çok önemli değişiklikleri beraberinde getirecektir. Örneğin Milli Eğitim Bakanlığını bölebilir, eğitim hakkının kullanılmasında kamu sorumluluğunu etkisizleştirebilir. Eğitim birliği ilkesi Anayasada yazılı ama fiilen olmayan bir ilke haline gelebilir. Bugüne kadar görevine son verilen öğretmenlerden daha fazlasının işine son verilebilir.

Bu yetki uygulamada devlette çalışma hakkı, kamu hizmetinden yararlanmada fırsat eşitliği gibi temel haklara ilişkin sonuçlar doğuracaktır. Ayrıca bu yetki Cumhurbaşkanının temel haklarla ilgili düzenleme yapamayacağı cümlesini boşa çıkarmaktadır..

Evet demeyi düşünen kardeşim; burası Türkiye...

Bugünden yarına toplumda çok şey değişecektir.

Ürettiğin bugünkü çözüm, yarın üstesinden gelemeyeceğin sorunun olabilir.

5 yıl değil daha 1 yıl önce Bahçeli ne konuşuyordu, şimdi ne konuşuyor?

Geriye doğru şöyle bir düşün dün neler konuşuyorduk, bugün neler konuşuyoruz.

Toplumun değişimi ancak herkesin benimsediği ilkeler üzerinden giderse varacağı yere varır.

Bunu unutma!

Hayır demekle bir şey kaybetmiş olmuyorsun sadece güzel ülkemizi bir beladan kurtarmış, bir belayı püskürtmüş oluyorsun.

Belayı püskürtmek için HAYIR diyorum.

Ülkemin üzerindeki karabulutları dağıtmak için HAYIR diyorum.

## 11. On Birinci Madde: Cumhurbaşkanı ve TBMM Seçimlerinin Yenilenmesi

**MADDE 11-** 2709 sayılı Kanunun 116 ncı maddesi başlığıyla birlikte aşağıdaki şekilde değiştirilmiştir.

"H. Türkiye Büyük Millet Meclisi ve Cumhurbaşkanı seçimlerinin yenilenmesi

MADDE 116- Türkiye Büyük Millet Meclisi, üye tamsayısının beşte üç çoğunluğuyla seçimlerin yenilenmesine karar verebilir. Bu halde Türkiye Büyük Millet Meclisi genel seçimi ile Cumhurbaşkanlığı seçimi birlikte yapılır.

Cumhurbaşkanının seçimlerin yenilenmesine karar vermesi halinde, Türkiye Büyük Millet Meclisi genel seçimi ile Cumhurbaşkanlığı seçimi birlikte yapılır.

Cumhurbaşkanının ikinci döneminde Meclis tarafından seçimlerin yenilenmesine karar verilmesi halinde, Cumhurbaşkanı bir defa daha aday olabilir.

Seçimlerinin birlikte yenilenmesine karar verilen Meclisin ve Cumhurbaşkanının yetki ve görevleri, yeni Meclisin ve Cumhurbaşkanının göreve başlamasına kadar devam eder.

Bu şekilde seçilen Meclis ve Cumhurbaşkanının görev süreleri de beş yıldır."

Bu maddeye göre bir Cumhurbaşkanı bir kez seçildikten sonra 3 defa garanti, isterse ömür boyu seçilebilir. Hatta yardımcılarından birini evlatlarından biri yaparak, ailesine iktidar devri dahi yapabilir.

Anlatayım.

Cumhurbaşkanı ve TBMM seçimleri birlikte yapıldı. Genel seçimlerin tarihine 5 ay kala TBMM, seçimlerin yenilenmesi kararı aldı.

Bu madde Cumhurbaşkanının ikinci dönemiyle ilgili düzenleme içeriyor.

Birinci dönemindeki TBMM tarafından alınacak erken seçimde birinci dönemini tamamlamış oluyor, olmuyor mu? Bununla ilgili bir hüküm bulunmuyor.

Diyelim ki birinci dönem tamamlandı. İkinci defa aday oldu, kazandı. Süresinin bitmesine 3 ay kala TBMM, seçimlerin yenilenmesi kararı aldı. Bu durumda ikinci dönemi baştan başlıyor. Buna göre bir kişi eğer isterse 14,5 yıl Başkan olabilir.

Bir de buna OHAL ilan ettiği dönemlerde seçimlerin ertelenmesi seçeneğini eklerseniz, bu sistemde bir kişi ömür boyu seçilebilir.

Değişikliğin 17 maddesinin H fıkrası, 2019 da yapılacak seçimlerde seçim kanununda yapılacak değişikliklerin bu seçim için uygulanmayacağı hükmünü içermektedir. Anayasanın 67. Maddesinin son fıkrası *"***Seçim kanunlarında yapılan değişiklikler, yürürlüğe girdiği tarihten itibaren bir yıl içinde yapılacak seçimlerde uygulanmaz.***"* kuralını içermekte. Bu değişiklik 16 Nisan'da oylanacak, kabul edilirse, 1 Kasım 2019'a 2 yıldan fazla süre var. Anayasa değişikliği kapsamında Seçim Kanununda düzenleme yapılması düşünülüyorsa neden 2019 beklensin?

Bu madde eğer bu Anayasa değişikliğine HAYIR denilmez ise 2019 seçimlerinin bildiğimiz anlamda bir seçim olmayacağının işaretidir.

*"Evet"* çıkması durumunda gelecekte bir seçim olabileceğini, seçimle Türkiye'nin tekrar kendi sorunlarına çözüm arayan bir ülke durumuna gelebileceğini düşünmek, çok iyimser düşünce olarak kalabilir.

Klasik başkanlık sistemlerinde seçim süreleri önceden bellidir. Örneğin ABD'de seçim süreleri kesindir. Değiştirilemez hükümlerden biridir.

Mesele Cumhurbaşkanı ile Meclis arasında uyumlu çalışma, uzlaşma arama olsaydı seçim süresi sabitlenirdi. Burada niyetin başka olduğu çok açıktır.

Bu anayasa değişikliğini *"milli güvenlik sorunu"* olarak değerlendirmem boşuna değildir. Türkiye'yi yıllarca iç sorunlarıyla uğraşan bir ülke haline sokacak bütün hükümler bu değişiklikte bulunuyor.

Bu maddeye yukarıda açıkladığım gerekçelerden dolayı HAYIR diyorum.

## 12. On ikinci Madde: Cumhurbaşkanının Olağanüstü Hal İlan Etmesi

**MADDE 12-** 2709 sayılı Kanunun 119 uncu maddesi başlığıyla birlikte aşağıdaki şekilde değiştirilmiş ve kenar başlıkları metinden çıkarılmıştır.

"III. Olağanüstü hal yönetimi

MADDE 119- Cumhurbaşkanı; savaş, savaşı gerektirecek bir durumun başgöstermesi, seferberlik, ayaklanma, vatan veya Cumhuriyete karşı kuvvetli ve eylemli bir kalkışma, ülkenin ve milletin bölünmezliğini içten veya dıştan tehlikeye düşüren şiddet hareketlerinin yaygınlaşması, anayasal düzeni veya temel hak ve hürriyetleri ortadan kaldırmaya yönelik yaygın şiddet hareketlerinin ortaya çıkması, şiddet olayları nedeniyle kamu düzeninin ciddî şekilde bozulması, tabiî afet veya tehlikeli salgın hastalık ya da ağır ekonomik bunalımın ortaya çıkması hallerinde yurdun tamamında veya bir bölgesinde, süresi altı ayı geçmemek üzere olağanüstü hal ilan edebilir.

Olağanüstü hal ilanı kararı, verildiği gün Resmî Gazetede yayımlanır ve aynı gün Türkiye Büyük Millet Meclisinin onayına sunulur.

Türkiye Büyük Millet Meclisi tatilde ise derhal toplantıya çağırılır; Meclis gerekli gördüğü takdirde olağanüstü halin süresini kısaltabilir, uzatabilir veya olağanüstü hali kaldırabilir.

Cumhurbaşkanının talebiyle Türkiye Büyük Millet Meclisi her defasında dört ayı geçmemek üzere süreyi uzatabilir. Savaş hallerinde bu dört aylık süre aranmaz.

Olağanüstü hallerde vatandaşlar için getirilecek para, mal ve çalışma yükümlülükleri ile 15 inci maddedeki ilkeler doğrultusunda temel hak ve hürriyetlerin nasıl sınırlanacağı veya geçici olarak durdurulacağı, hangi hükümlerin uygulanacağı ve işlemlerin nasıl yürütüleceği kanunla düzenlenir.

Olağanüstü hallerde Cumhurbaşkanı, olağanüstü halin gerekli kıldığı konularda, 104 üncü maddenin onyedinci fıkrasının ikinci cümlesinde belirtilen sınırlamalara tabi olmaksızın Cumhurbaşkanlığı kararnamesi çıkarabilir. Kanun hükmündeki bu kararnameler Resmî Gazetede yayımlanır, aynı gün Meclis onayına sunulur.

Savaş ve mücbir sebeplerle Türkiye Büyük Millet

Meclisinin toplanamaması hâli hariç olmak üzere; olağanüstü hal sırasında çıkarılan Cumhurbaşkanlığı kararnameleri üç ay içinde Türkiye Büyük Millet Meclisinde görüşülür ve karara bağlanır. Aksi halde olağanüstü hallerde çıkarılan Cumhurbaşkanlığı kararnamesi kendiliğinden yürürlükten kalkar."

Bu madde Cumhurbaşkanına gerekçesi ne olursa olsun, aldığı kararlara karşı denge sağlayacak kurum kalmadığından 6 ay süreyle OHAL ilan etme yetkisi vermek demektir. Maddenin devamı, yani OHAL'in TBMM tarafından acil biçimde görüşülmesi, sonrasında uzatılması Cumhurbaşkanının TBMM'de grubu bulunan çoğunluğun Genel Başkanı olmasından dolayı anlamsızlaşmaktadır. Sonuçta Cumhurbaşkanına çok özel bir yetki verilmektedir.

Mevcut Anayasada bu yetki Meclisin içinden çıkan Bakanlar Kurulu ile birlikte alınmaktaydı. Bu değişiklikte Cumhurbaşkanının tek başına kullanacağı bir yetki olarak düzenlenmiştir.

Cumhurbaşkanına tanınan Kararname yetkisinin OHAL'de temel haklara yönelik olabileceğinin belirtilmesi, geleceğimiz açısından her türlü kaygıya kapılmamızı haklı çıkarmaktadır. Şu anda uygulanmakta olan OHAL'de çıkarılan Kararnameler, bu Kararnamelere ilişkin Anayasa Mahkemesinin aldığı karar göz önüne getirildiğinde Türkiye Cumhuriyetinin varlığı gerçek anlamda tehlikeye girmiş olacaktır. Anayasanın değiştirilemez ilkeleri rahatlıkla değiştirilebilir.

Anayasa kanundur. Kanun var iken Cumhurbaşkanı Kararname çıkaramaz deyin.

Ey! Evet demeyi düşünen kardeşim, diyelim ki böyle bir kararname çıkarıldı. Başkent Ankara yerine İstanbul yapıldı. Kim bunun yürürlüğe girmesini engelleyebilir, yürürlükten kaldırabilir, lütfen söyleyin!

Kardeşlerim ayrıca malınıza mülkünüze el konulması da bir o kadar kolaylaşıyor.

Benim görevim, sizleri uyarmak, ortak akla, Türkiye Cumhuriyetinin demokratikleşme davasına çağırmaktır.

Geleceğimize pranga vuracak bu değişikliğe HAYIR diyorum.

## 13. On Üçüncü Madde
## Askeri Mahkemelerin Kaldırılması

**MADDE 13-** 2709 sayılı Kanunun 142 nci maddesine aşağıdaki fıkra eklenmiştir.

*"Disiplin mahkemeleri dışında askerî mahkemeler kurulamaz. Ancak savaş halinde, asker kişilerin görevleriyle ilgili olarak işledikleri suçlara ait davalara bakmakla görevli askerî mahkemeler kurulabilir."*

Bu mahkemelerin kaldırılmış olması doğrudur, yerindedir. Ancak bu anayasa değişikliğinin içine alınması, tıpkı mahkemelerin bağımsızlığı ilkesinin yanına tarafsızlık ilkesinin konulması ve seçilme yaşının 18'e indirilmesiyle ilgili maddelerle birlikte bu değişikliğin pazarlanmasına yönelik değişiklik olmasından dolayı HAYIR diyorum. Askeri Mahkemelerin kaldırılması veya kaldırılmamasının şu aşamada bizim sorunlarımızla uzaktan yakından ilgisi bulunmamaktadır.

## 14. On Dördüncü Madde:
## Hâkim ve Savcılar Kurulu

**MADDE 14-** 2709 sayılı Kanunun 159 uncu maddesinin başlığı ile birinci ve dokuzuncu fıkralarında yer alan *"Yüksek"* ibareleri madde metninden çıkarılmış; iki, üç, dört ve beşinci fıkraları aşağıdaki şekilde değiştirilmiş; altıncı fıkrasında yer alan *"asıl"* ibaresi madde metninden çıkarılmış; dokuzuncu fıkrasında yer alan *"kanun, tüzük, yönetmeliklere ve genelgelere"* ibaresi *"kanun ve diğer mevzuata"* şeklinde değiştirilmiştir.

"Hâkimler ve Savcılar Kurulu onüç üyeden oluşur; iki daire halinde çalışır.

Kurulun Başkanı Adalet Bakanıdır. Adalet Bakanlığı Müsteşarı Kurulun tabiî üyesidir. Kurulun, üç üyesi birinci sınıf olup, birinci sınıfa ayrılmayı gerektiren nitelikleri yitirmemiş adlî yargı hâkim ve savcıları arasından, bir üyesi birinci sınıf olup, birinci sınıfa ayrılmayı gerektiren nitelikleri yitirmemiş idarî yargı hâkim ve savcıları arasından Cumhurbaşkanınca; üç üyesi Yargıtay üyeleri, bir üyesi Danıştay üyeleri, üç üyesi nitelikleri kanunda belirtilen yükseköğretim kurumlarının hukuk dallarında görev yapan öğretim üyeleri ile avukatlar arasından Türkiye Büyük Millet Meclisi tarafından seçilir. Öğretim üyeleri ile avukatlar arasından seçilen üyelerden, en az birinin öğretim üyesi ve en az birinin de avukat olması zorunludur. Kurulun Türkiye Büyük Millet Meclisi tarafından seçilecek üyeliklerine ilişkin başvurular, Meclis Başkanlığına yapılır. Başkanlık, başvuruları Anayasa ve Adalet Komisyonları Üyelerinden Kurulu Karma Komisyona gönderir. Komisyon her bir üyelik için üç adayı, üye tamsayısının üçte iki çoğunluğuyla belirler. Birinci oylamada aday belirleme işleminin sonuçlandırılamaması halinde ikinci oylamada üye tamsayısının beşte üç çoğunluğu aranır. Bu oylamada da aday belirlenemediği takdirde, her bir üyelik için en çok oyu alan iki aday arasında ad çekme usulü ile aday belirleme işlemi tamamlanır. Türkiye Büyük Millet Meclisi, Komisyon tarafından belirlenen adaylar arasından, her bir üye için ayrı ayrı gizli oyla seçim yapar. Birinci oylamada üye tamsayısının üçte iki çoğunluğu; bu oylamada seçimin sonuçlandırılamaması halinde, ikinci oylamada üye tamsayısının beşte üç çoğunluğu aranır. İkinci oylamada da üye seçilemediği takdirde en çok oyu alan iki aday arasında ad çekme usulü ile üye seçimi tamamlanır.

Üyeler dört yıl için seçilir. Süresi biten üyeler bir kez daha seçilebilir.

Kurul üyeliği seçimi, üyelerin görev süresinin dolmasından önceki otuz gün içinde yapılır. Seçilen üyelerin görev süreleri dolmadan Kurul üyeliğinin boşalması durumunda, boşalmayı takip eden otuz gün içinde, yeni üyelerin seçimi yapılır."

*"Hâkim ve Savcılar Yüksek Kurulu"*ydu, *"yüksek"* ifadesinden rahatsız olmuşlar ki kaldırmışlar. Bu rahatsızlığı anlıyorum. Hakimlerin karşısına çıkmaktan korkanların böyle davranması anlaşılır bir durumdur. Kendilerinin 13 üyesinden 6'sını Cumhurbaşkanı sıfatıyla, 7 üyesini ise Parti Genel Başkanı sıfatıyla atadığı Kurul zaten *"yüksek"* sıfatını hak edecek bir kurul olamaz. Ayrıca bu kurulun doğal üyesi olan Adalet Bakanı ve Müsteşarını da zaten kendisi belirliyor.

Bu değişiklik teklifinin birinci maddesi neydi?

Yargı *"bağımsız"* ve *"tarafsız"* olacak.

Yapısı bu şekilde düzenlenmiş bir Kurulun yönetim olarak

bağımsız, işlerinde tarafsız olması mümkün değildir.

Burada 2010 Referandumu'nu bir daha hatırlatmak durumundayım.

O referandumda bu kurulun üyelerinin seçimle belirlenmesini devrim diye halka pazarlayanlar, bu değişikliğe ne diyorsunuz?

Biz yıllarca bu kurulun bağımsız olması için Adalet Bakanı'nın ve Müsteşar'ının kurul üyesi olmasının doğru olmadığını savunduk. Şimdi bütün üyeler bir parti genel başkanı tarafından atanır duruma geldi.

Bu haliyle yargı, parti yargısına dönüştürülmüş olmaktadır.

Parti yargısına HAYIR diyorum.

## 15. On beşinci Madde: Bütçe Yapma Hakkı

**MADDE 15-** 2709 sayılı Kanunun 161 inci maddesi başlığıyla birlikte aşağıdaki şekilde değiştirilmiştir.

"A. Bütçe ve kesinhesap

MADDE 161- Kamu idarelerinin ve kamu iktisadî teşebbüsleri dışındaki kamu tüzel kişilerinin harcamaları yıllık bütçelerle yapılır.

Malî yıl başlangıcı ile merkezi yönetim bütçesinin hazırlanması, uygulanması ve kontrolü ile yatırımlar veya bir yıldan fazla sürecek iş ve hizmetler için özel süre ve usuller kanunla düzenlenir. Bütçe kanununa, bütçe ile ilgili hükümler dışında hiçbir hüküm konulamaz.

Cumhurbaşkanı bütçe kanun teklifini, malî yılbaşından en az yetmişbeş gün önce, Türkiye Büyük Millet Meclisine sunar. Bütçe teklifi Bütçe

Komisyonunda görüşülür. Komisyonun ellibeş gün içinde kabul edeceği metin Genel Kurulda görüşülür ve malî yılbaşına kadar karara bağlanır.

Bütçe kanununun süresinde yürürlüğe konulamaması halinde, geçici bütçe kanunu çıkarılır. Geçici bütçe kanununun da çıkarılamaması durumunda, yeni bütçe kanunu kabul edilinceye kadar bir önceki yılın bütçesi yeniden değerleme oranına göre artırılarak uygulanır.

Türkiye Büyük Millet Meclisi üyeleri, Genel Kurulda kamu idare bütçeleri hakkında düşüncelerini her bütçenin görüşülmesi sırasında açıklarlar, gider artırıcı veya gelirleri azaltıcı önerilerde bulunamazlar.

Genel Kurulda kamu idare bütçeleri ile değişiklik önergeleri, üzerinde ayrıca görüşme yapılmaksızın okunur ve oylanır.

Merkezî yönetim bütçesiyle verilen ödenek, harcanabilecek tutarın sınırını gösterir. Harcanabilecek tutarın Cumhurbaşkanlığı kararnamesiyle aşılabileceğine dair bütçe kanununa hüküm konulamaz.

Carî yıl bütçesindeki ödenek artışını öngören değişiklik teklifleri ile carî ve izleyen yılların bütçelerine malî yük getiren tekliflerde, öngörülen giderleri karşılayabilecek malî kaynak gösterilmesi zorunludur.

Merkezî yönetim kesinhesap kanunu teklifi, ilgili olduğu malî yılın sonundan başlayarak en geç altı ay sonra Cumhurbaşkanı tarafından Türkiye Büyük Millet Meclisine sunulur. Sayıştay genel uygunluk bildirimini, ilişkin olduğu kesinhesap kanun teklifinin verilmesinden başlayarak en geç yetmişbeş gün içinde Meclise sunar.

> Kesinhesap kanunu teklifi ve genel uygunluk bildiriminin Türkiye Büyük Millet Meclisine verilmiş olması, ilgili yıla ait Sayıştayca sonuçlandırılamamış denetim ve hesap yargılamasını önlemez ve bunların karara bağlandığı anlamına gelmez.
>
> Kesinhesap kanunu teklifi, yeni yıl bütçe kanunu teklifiyle birlikte görüşülür ve karara bağlanır."

Bu maddeye temel itirazım, Bütçe yapmada TBMM'nin yetkilerinin elinden alınması ile kesin hesap denetiminin imkânsız hale getirilmesidir.

Siyaset bir anlamda yurttaşın ödediği vergilerin nasıl kullanılacağına yönelik yönetim sanatıdır. Siyasetin özü vergi ise, o vergilerde herkesin payı var ise TBMM'nin herkesi temsil etme özelliğinden dolayı etkin olması çok önemlidir. Çünkü Bütçe yapılması egemenlikle ilgili bir uygulamadır. Ayrıca bütçe yapma TBMM'nin yürütmeyi denetlemede en önemli araçlarından biridir.

Güvenoyu, Gensoru doğrudan kaldırılmıştı.

Soruşturma açma imkânsızlaştırılmıştı.

Bu maddeyle de bütçe yapma hakkı da anlamsızlaştırılmıştır.

Çünkü Bütçeyi Cumhurbaşkanı yaparken TBMM onay makamına dönüştürülmüştür.

Aslında bu, çok önemli bir çelişkidir.

Cumhurbaşkanı devletin başı sıfatıyla bütün erklerde en üst onay mercidir.

Bu kez onay merci kendisi değil, onaya sunan makam oluyor.

Aslında devletin başı sıfatını sakatlayan bir uygulamayla karşı karşıyayız.

Yeri gelmişken hatırlatayım benzer bir durum, TBMM'nin

yasa yapma yetkisiyle de ortaya çıkmaktadır.

TBMM Yasa yapıyor, ama bu yasayı Cumhurbaşkanı uyguluyor.

Yani TBMM eğer yasa yapabilirse, onun yürütme maddesi Cumhurbaşkanına, devletin başına verilen emir anlamına gelecektir..

Ucube sıfatını tam da hak eden bir durum!

Boşuna söylemiyorum, bu değişiklik yürürlüğe girerse Meclisin görevi yasa yapmak değil, var olan yasaların ilgasını, yürürlükten kaldırılmasını sağlamak olacaktır diye.

Tekrar Bütçe konusuna dönersek, TBMM, Cumhurbaşkanının hazırladığı bütçeyi onaylamaz veya zamanında onaylamaz ise Cumhurbaşkanı önceki bütçedeki rakamları güncelleyerek kendi bütçesini yapmış sayılıyor!

Böyle bir bütçe, kaynağı halk olan ama asla halkın bütçesi özelliği taşımayan bir bütçe olacaktır.

Zaten bugüne kadar yapılan yasal değişikliklerle Bütçenin denetimi önemli ölçüde ortadan kalkmıştı.

Sayıştay denetimi sınırlanmakla yetinilmedi, kamu kurumları parça parça denetimin dışına çıkarıldı.

Örtülü ödeneğin ne kadar olduğunu, nerelere harcandığını biliyor muyuz?

Hayır!

Sayıştay denetiminden çıkarılan kurumların ticari faaliyetlerini biliyor muyuz?

Hayır!

Bütçesi milletin temsilcilerinin denetiminde olmayan bir ülkede, gerçek anlamda egemenlik de millete ait olmaktan çıkar.

Bu anayasa değişiklik teklifi, millet egemenliğini parçaladığı, etkisizleştirdiği için HAYIR diyorum.

## 16. Torbalanmış Maddeler: 16, 17 ve 18. Maddeler Hakkında

**MADDE 16-** 2709 sayılı Kanunun;

A) 8 inci maddesinde yer alan *"ve Bakanlar Kurulu"*; 15 inci maddesinin birinci fıkrasında, 17 nci maddesinin dördüncü fıkrasında ve 19 uncu maddesinin beşinci fıkrasında yer alan *", sıkıyönetim"*; 88 inci maddesinin birinci fıkrasında yer alan *"Bakanlar Kurulu ve"*, ikinci fıkrasında yer alan *"tasarı ve"*; 93 üncü maddesinin ikinci fıkrasında yer alan *", doğrudan doğruya veya Bakanlar Kurulunun istemi üzerine,"*; 125 inci maddesinin ikinci fıkrasında yer alan *"Cumhurbaşkanının tek başına yapacağı işlemler ile Yüksek Askerî Şuranın kararları yargı denetimi dışındadır. Ancak,"* ve altıncı fıkrasında yer alan *"sıkıyönetim,"*; 148 inci maddesinin birinci fıkrasında yer alan *", sıkıyönetim"*, altıncı fıkrasında yer alan *", Askerî Yargıtay, Askerî Yüksek İdare Mahkemesi"* ve *"Yüksek"*, yedinci fıkrasında yer alan *"ile Jandarma Genel Komutanı"*; 153 üncü maddesinin dördüncü fıkrasında yer alan *"tasarı veya"*; 154 üncü maddesinin ikinci fıkrasında yer alan *"Yüksek"*; 155 inci maddesinin ikinci fıkrasında yer alan *"Başbakan ve Bakanlar Kurulunca gönderilen kanun tasarıları,"* ve *"tüzük tasarılarını incelemek,"*, üçüncü fıkrasında yer alan *"Yüksek"* ibareleri madde metinlerinden çıkarılmıştır.

B) 73 üncü maddesinin dördüncü fıkrasında yer alan *"Bakanlar Kuruluna"* ibaresi *"Cumhurbaşkanına"*; 78 inci maddesinin başlığı *"D. Seçimlerin geriye bırakılması ve ara seçimler"*; 117 nci maddesinin ikinci fıkrasında yer alan *"Bakanlar Kurulu"* ibaresi *"Cumhurbaşkanı"*; 118 inci maddesinin birinci fıkrasında yer alan *"Başbakan, Genelkurmay Başkanı, Başbakan yardımcıları,"* ibaresi *"Cumhurbaşkanı yardımcıları,"*, *"Kara, Deniz ve Hava Kuvvetleri Komutanları ve Jandarma Genel Komutanından"* ibaresi *"Genelkurmay Başkanı, Kara, Deniz ve Hava kuvvetleri komutanlarından"*, üçüncü fıkrasında yer alan *"Bakanlar Kuruluna"* ibaresi *"Cumhurbaşkanına"*, *"Bakanlar Kurulunca"* ibaresi *"Cumhurbaşkanınca"*, dördüncü fıkrasında yer alan *"Başbakan"* ibaresi *"Cumhurbaşkanı yardımcıları"*, beşinci fıkrasında yer alan *"Başbakanın"* ibaresi *"Cumhurbaşkanı yardımcısının"*, altıncı fıkrasında yer alan *"kanunla"* ibaresi *"Cumhurbaşkanlığı kararnamesiyle"*; 123 üncü maddesinin üçüncü fıkrasında yer alan *"ancak kanunla veya kanunun açıkça verdiği yetkiye dayanılarak"* ibaresi *"kanunla veya Cumhurbaşkanlığı kararnamesiyle"*; 124 üncü maddesinin birinci fıkrasında yer alan *"Başbakanlık"* ibaresi *"Cumhurbaşkanı"* ve *"tüzüklerin"* ibaresi *"Cumhurbaşkanlığı kararnamelerinin"*; 127 nci maddesinin altıncı fıkrasında yer alan *"Bakanlar Kurulunun"* ibaresi *"Cumhurbaşkanının"*; 131 inci maddesinin ikinci fıkrasında yer alan *"ve Bakanlar Kurulunca"* ibaresi *"tarafından"*; 134 üncü maddesinin birinci fıkrasında yer alan *"Başbakanlığa"* ibaresi *"Cumhurbaşkanının görevlendireceği bakana"*; 137 nci maddesinin birinci fıkrasında yer alan *"tüzük"* ibaresi *"Cumhurbaşkanlığı kararnamesi"*; 148 inci maddesinin birinci fıkrasında yer alan *"kanun hükmünde kararnamelerin"* ibareleri *"Cumhurbaşkanlığı kararnamelerinin"*, altıncı fıkrasında yer alan *"Bakanlar Kurulu üyelerini"* ibaresi *"Cumhurbaşkanı yardımcılarını, bakanları"*; 149 uncu maddesinin birinci fıkrasında yer alan *"oniki"* ibaresi *"on"*; 150 nci maddesinde yer alan *"kanun hükmündeki kararnamelerin"* ibaresi *"Cumhurbaşkanlığı kararnamelerinin"* ve *"iktidar ve anamuhalefet partisi Meclis grupları ile Türkiye Büyük Millet Meclisi"* ibaresi *"Türkiye Büyük Millet Meclisinde en fazla üyeye sahip iki siyasi parti grubuna ve"*; 151 inci maddesi ile 153 üncü maddesinin üçüncü fıkrasında yer alan *"kanun hükmünde kararname"* ibareleri *"Cumhurbaşkanlığı kararnamesi"*; 152 nci maddesinin birinci fıkrası ile 153 üncü maddesinin ikinci fıkrasında yer alan *"kanun hükmünde kararnamenin"* ibareleri *"Cumhurbaşkanlığı kararnamesinin"*; 158 inci maddesinin birinci fıkrasında yer alan *"adli, idari ve askeri"* ibaresi *"adli ve idari"*; 166 ncı maddesinin dördüncü fıkrasında yer alan *"hükümete"* ibaresi *"Cumhurbaşkanına"*; 167 nci maddesinin ikinci fıkrasında yer alan *"Bakanlar Kuruluna"* ibaresi *"Cumhurbaşkanına"* şeklinde değiştirilmiştir.

C) 89 uncu maddesinin üçüncü fıkrasında yer alan *"geri gönderilen kanunu"* ibaresinden sonra gelmek üzere *"üye tamsayısının salt çoğunluğuyla"* ve 117 nci maddesinin üçüncü fıkrasının başına *"Cumhurbaşkanınca atanan"* ibareleri eklenmiştir.

Ç) 108 inci maddesinin birinci fıkrasına *"inceleme,"* ibaresinden önce gelmek üzere *"idari soruşturma,"* ibaresi eklenmiş; ikinci fıkrasında yer alan

*"Silahlı Kuvvetler ve"* ibaresi madde metninden çıkarılmış; üçüncü fıkrasında yer alan *"üyeleri ve üyeleri içinden Başkanı, kanunda belirlenen nitelikteki kişiler arasından,"* ibaresi *"Başkan ve üyeleri,"* şeklinde ve dördüncü fıkrasında yer alan *"kanunla"* ibaresi *"Cumhurbaşkanlığı kararnamesiyle"* şeklinde değiştirilmiştir.

D) 146 ncı maddesinin birinci fıkrasında yer alan *"onyedi"* ibaresi *"onbeş"* şeklinde değiştirilmiş, üçüncü fıkrasında yer alan *", bir üyeyi Askerî Yargıtay, bir üyeyi Askerî Yüksek İdare Mahkemesi"* ibaresi ile dördüncü fıkrasında yer alan *", Askerî Yargıtay, Askerî Yüksek İdare Mahkemesi"* ibareleri madde metninden çıkarılmıştır.

E) 82 nci maddesinin ikinci fıkrasının ikinci cümlesi, 96 ncı maddesinin ikinci fıkrası, 117 nci maddesinin dördüncü ve beşinci fıkraları, 127 nci maddesinin üçüncü fıkrasının ikinci cümlesi, 150 nci maddesinin birinci fıkrasının son cümlesi ile 91, 99, 100, 102, 107, 109, 110, 111, 112, 113, 114, 115, 120, 121, 122, 145, 156, 157, 162, 163 ve 164 üncü maddeleri yürürlükten kaldırılmıştır.

**MADDE 17-** 2709 sayılı Kanuna aşağıdaki geçici madde eklenmiştir.

"GEÇİCİ MADDE 21- A) Türkiye Büyük Millet Meclisinin 27'nci Yasama Dönemi milletvekili genel seçimi ve Cumhurbaşkanlığı seçimi 3/11/2019 tarihinde birlikte yapılır. Seçimin yapılacağı tarihe kadar Türkiye Büyük Millet Meclisi üyeleri ve Cumhurbaşkanının görevi devam eder. Meclisin seçim kararı alması halinde, 27'nci Yasama Dönemi milletvekili genel seçimi ve Cumhurbaşkanlığı seçimi birlikte yapılır.

B) Bu Kanunun yayımı tarihinden itibaren en geç altı ay içinde Türkiye Büyük Millet Meclisi, bu Kanunla yapılan değişikliklerin gerektirdiği Meclis İçtüzüğü değişikliği ile diğer kanuni düzenlemeleri yapar. Cumhurbaşkanlığı kararnamesiyle düzenleneceği belirtilen değişiklikler ise Cumhurbaşkanının göreve başlama tarihinden itibaren en geç altı ay içinde Cumhurbaşkanı tarafından düzenlenir.

C) Anayasanın 159 uncu maddesinde yapılan düzenlemeye göre Hâkimler ve Savcılar Kurulu üyeleri en geç otuz gün içinde seçilirler ve bu Kanunun yürürlüğe girdiği tarihten sonraki kırkıncı günü takip eden iş günü görevlerine başlarlar. Başvurular, bu maddenin yürürlüğe girdiği tarihten itibaren beş gün içinde Türkiye Büyük Millet Meclisi Başkanlığına yapılır. Başkanlık, başvuruları Anayasa ve Adalet Komisyonları Üyelerinden Kurulu Karma Komisyona gönderir. Komisyon on gün içinde her bir üyelik için üç adayı üye tamsayısının üçte iki çoğunluğuyla belirler. Birinci oylamada üçte iki çoğunlukla seçimin sonuçlandırılamaması halinde, ikinci ve üçüncü oylamalar yapılır; bu oylamalarda üye tamsayısının beşte üç çoğunluğunun oyunu alan aday seçilmiş olur. Beşte üç çoğunluğun sağlanamaması halinde üçüncü oylamada en çok oyu almış olan, seçilecek üyelerin iki katı aday arasından ad çekme usulü ile üye belirleme işlemi tamamlanır. Türkiye Büyük Millet Meclisi Genel Kurulu aynı usul ve nisapları gözeterek onbeş gün içinde seçimi tamamlar. Mevcut

Hâkimler ve Savcılar Yüksek Kurulu üyeleri, yeni üyelerin göreve başlayacağı tarihe kadar görevlerine devam eder ve bu süre içinde yürürlükteki Kanun hükümlerine göre çalışır. Yeni üyeler, ilgili kanunda değişiklik yapılıncaya kadar mevcut Kanunun Anayasaya aykırı olmayan hükümleri uyarınca çalışır. Görevi sona eren ve Hâkimler ve Savcılar Kuruluna yeniden seçilmeyen üyelerden, talepleri halinde adli yargı hâkim ve savcıları arasından seçilenler Yargıtay üyeliğine, idari yargı hâkim ve savcıları arasından seçilenler Danıştay üyeliğine Hâkimler ve Savcılar Kurulunca seçilir; öğretim üyeleri ve avukatlar arasından seçilenler ise Danıştay üyeliğine Cumhurbaşkanınca atanır. Bu şekilde yapılan seçim ve atamalarda boş kadro olup olmadığına bakılmaz, seçilen ve atanan üye sayısı kadar Yargıtay ve Danıştay kadrolarına üye kadrosu ilave edilir.

D) Askerî Yargıtay ve Askerî Yüksek İdare Mahkemesinden Anayasa Mahkemesi üyeliğine seçilmiş bulunan kişilerin herhangi bir sebeple görevleri sona erene kadar üyelikleri devam eder.

E) Bu Kanunun yürürlüğe girdiği tarih itibarıyla Askerî Yargıtay, Askerî Yüksek İdare Mahkemesi ve askerî mahkemeler kaldırılmıştır.

Bu Kanunun yürürlüğe girdiği tarihten itibaren dört ay içinde; Askerî Yargıtay ve Askerî Yüksek İdare Mahkemesinin askerî hâkim sınıfından Başkan, Başsavcı, İkinci Başkan ve üyeleri ile diğer askerî hâkimler *(yedek subaylar hariç)* tercihleri ve mükteseplerі dikkate alınarak;

a) Hâkimler ve Savcılar Kurulunca adli veya idari yargıda hâkim veya savcı olarak atanabilirler.

b) Aylık, ek gösterge, ödenek, yargı ödeneği, ek ödeme, malî, sosyal hak ve yardımlar ile diğer hakları yönünden emsali adli veya idari yargıya mensup hâkim ve savcılar, bunların dışındaki hak ve yükümlülükler yönünden ise bu Kanunun yürürlüğe girdiği tarihteki mevzuat hükümleri uygulanmaya devam edilmek suretiyle Millî Savunma Bakanlığınca mevcut sınıflarında, Bakanlık veya Genelkurmay Başkanlığının hukuk hizmetleri kadrolarına atanırlar. Bunlardan, emeklilik hakkını elde edenlerden yaş haddinden önce bu görevlerden kendi istekleriyle ayrılacaklara ödenecek tazminata ilişkin usul ve esaslar kanunla düzenlenir.

Kaldırılan askerî yargı mercilerinde görülmekte olan dosyalardan; kanun yolu incelemesi aşamasında olanlar ilgisine göre Yargıtay veya Danıştaya, diğer dosyalar ise ilgisine göre görevli ve yetkili adli veya idari yargı mercilerine dört ay içinde gönderilir.

F) Bu Kanunun yürürlüğe girdiği tarihte yürürlükte bulunan kanun hükmünde kararnameler, tüzükler, Başbakanlık ve Bakanlar Kurulu tarafından çıkarılan yönetmelikler ile diğer düzenleyici işlemler yürürlükten kaldırılmadıkça geçerliliğini sürdürür. Yürürlükte bulunan kanun hükmünde kararnameler hakkında 152 nci ve 153 üncü maddelerin uygulanmasına devam olunur.

G) Kanunlar ve diğer mevzuat ile Başbakanlık ve Bakanlar Kuruluna verilen yetkiler, ilgili mevzuatta değişiklik yapılıncaya kadar Cumhurbaşkanı tarafından kullanılır.

H) Anayasanın 67 nci maddesinin son fıkrası hükmü, bu Kanunun yürürlüğe girdiği tarihten sonra birlikte yapılacak ilk milletvekili genel seçimi ile Cumhurbaşkanlığı seçimi bakımından uygulanmaz."

**MADDE 18-** Bu Kanun ile Anayasanın;

a) 8, 15, 17, 19, 73, 82, 87, 88, 89, 91, 93, 96, 98, 99, 100, 104, 105, 106, 107, 108, 109, 110, 111, 112, 113 üncü maddelerinde yapılan değişiklikler ile 114 üncü maddenin ikinci ve üçüncü fıkralarının ilgaları yönünden, 115, 116, 117, 118, 119, 120, 121, 122, 123, 124 ve 125 inci maddelerinde yapılan değişiklikler ile 127 nci maddenin son fıkrasına dair değişiklik; 131, 134, 137 nci maddelerinde yapılan değişiklikler ile 148 inci maddenin birinci fıkrasındaki değişiklik ile altıncı fıkrasındaki *"Bakanlar Kurulu üyelerini"* ibaresine dair değişiklik, 150, 151, 152, 153, 155 inci maddenin ikinci fıkrası, 161, 162, 163, 164, 166 ve 167 nci maddelerinde yapılan değişiklikler ile geçici 21 inci maddenin *(F)* ve *(G)* fıkraları, birlikte yapılan Türkiye Büyük Millet Meclisi ve Cumhurbaşkanlığı seçimleri sonucunda Cumhurbaşkanının göreve başladığı tarihte,

b) 75, 77, 101 ve 102 nci maddelerinde yapılan değişiklikler, birlikte yapılacak ilk Türkiye Büyük Millet Meclisi ve Cumhurbaşkanlığı seçimlerine ilişkin takvimin başladığı tarihte,

c) Değiştirilen diğer hükümleri ile 101 inci maddesinin son fıkrasında yer alan *"Cumhurbaşkanı seçilenin, varsa partisi ile ilişiği kesilir"* ibaresinin ilgası bakımından yayımı tarihinde, yürürlüğe girer ve halkoyuna sunulması halinde tümüyle oylanır.

Bu teklif Türkiye'de Anayasa yapma geleneğinin öldürülmek istenmesinin kanıtlarından biri olarak tarihte yerini alacaktır. Bundan kuşku duymuyorum. Tarih eninde sonunda hak ettiği yeri kendisine verecektir.

Önümüze konulan ve bizden evet mi hayır dememiz istenen metin açık, anlaşılır olmalı. Tercihte bulunacaksan insan neye evet, neye hayır dediğini bilmelidir. Bu değişiklik teklifinin en uzun maddesi olan 16. Maddeyi okuyun.

Bu madde hepimize karşı yapılan saygısızlığın ötesinde hakarettir. Aklımızla dalga geçmektir.

Konuştuğumuz şey Anayasa. Bir virgülü değişecekse herkesin katılımının gerektiği bir metin.

Söz konusu olan devletimiz, milletimiz.

Bu değişikliği hazırlayanlar dahi bu 16. Maddeyi kamuoyunun önünde tartışamazlar.

Üzerinde değişiklik yaptığımız metin, Anayasa olduğuna göre hangi maddede değişiklik yapılıyorsa, onun bir kelimesi, virgülü değiştiriliyorsa ayrı madde olarak düzenlenmeli ve önümüze konmalıdır.

Bu hükümet döneminde torba kanunları görmüştük, beterin beteri var, torbaya sokulmuş Anayasayı da gördük!

Değişikliğin 16. Maddesi tam olarak Anayasa'nın toplam 61 maddesinde değişiklik yapmaktadır.

A'dan E'ye kadar fıkralar eklenmiş. Her birinde mevcut anayasanın ilgili maddelerine ekleme, çıkarma, değiştirme yapılıyor.

Neyin çıkarıldığını, eklendiğini, değiştirildiği 61 maddeye tek tek bakarak anlamalıyız.

Bu neye göre böyle yapılıyor?

Hep söylüyor, duruyorum.

Halk anlamasın, bilmesin!

O sadece bana inansın!

İnanmanın birinci şartı bilmektir. Bilmeye, idrak etmeye dayanmayan inanmanın adı mankurtlaşmaktır.

Halka mankurt muamelesi yapan bu değişikliğe elbette HAYIR diyorum.

17. Maddede ise hangi maddelerin ne zaman yürürlüğe gireceği düzenleniyor. Bir kısım maddeler, bu değişiklikler Referandumda kabul edildikten hemen sonra yürürlüğe giriyor. Örneğin, Askeri mahkemelerin kaldırılması, Hakim ve Savcılar Kurulunun ortadan kaldırılması bir ay içinde gerçekleşecek. Cumhurbaşkanının partili Cumhurbaşkanı haline gelmesi ise kendisinin keyfine bağlı olarak, yani ne zaman kendisi partisine gidip üyeliğini yenilirse o zaman gerçekleşecek.

Bir kısım maddeler belli sürelerde yürürlüğe giriyor. Çünkü bunların anlam kazanabilmesi için ilgili mevzuatlarda değişiklik yapılması gerekiyor. Bunlar için 6 aylık bir süre veriliyor.

Eğer bu değişiklik, anayasa haline gelirse bilinsin ki 6 ayımızı buna uyum yasası çıkarmakla geçireceğiz.

Milletvekili seçimleri ve Cumhurbaşkanlığı seçimi ise 2019 yılında gerçekleşecek.

İnsan doğal olarak soruyor:

2019'da yürürlüğe girecek bir değişiklik için bu zorbalık, halktan kaçırma, muhalefete baskı neden yapılıyor? Farklı görüşlerin söylenmesinden neden korkuluyor?

Korkularla yapılan Anayasaya elbette ki HAYIR diyorum.

# ÜÇÜNCÜ BÖLÜM
# GENEL DEĞERLENDİRME

Getirilen değişiklik Türkiye'nin ihtiyacı değil, bu değişikliği savunanların da ifade ettikleri gibi Anayasayı askıya alan, çiğneyen, yok sayan bir Cumhurbaşkanının yarattığı fiili durum için çözüm önerisidir.

**Bu bir anayasal düzenleme değil, kişiye dayalı bir rejimin kurulmasıdır.**

2002 yılından itibaren başlayan Cumhuriyetle hesaplaşma projesinin finalidir.

Cumhuriyet'in sonlandırılmasıdır.

Birçok açıdan Anayasaya aykırıdır.

Örneğin yasama yetkisi devredilemez bir yetkidir.

Anayasanın 7. Maddesi "**Yasama yetkisi Türk Milleti adına Türkiye Büyük Millet Meclisi'nindir. Bu yetki devredilemez**" biçimindedir. Anayasanın değiştirilemez hükümleri içinde yer alan devletin nitelikleriyle uyumlu değildir. Bu değişiklik, devletin temel niteliklerinin altını boşaltmaktadır.

Türkiye'nin 15 Temmuz sonrasında girdiği olağanüstü süreçte ortaya sürülmüş, bir anayasada olması gereken **toplumsal sözleşme niteliklerine sahip olmayan** ve olmayacak olan bir metindir. Milli birlikten bahsedenlerin *"milli birliği"* yok eden bir anayasa değişikliği ile karşımıza çıkmışlar, onlar hakkında daha önceden ifade ettiğimiz düşünceleri bu değişiklik önerileriyle doğrulamışlardır.

Kendilerinin **Cumhurbaşkanlığı sistemi** dediği sistemin Başkanlık sistemiyle veya her hangi bir sistemle ilgisi yoktur. Bunun Başkanlık sistemiyle ilgisi olmadığı Bekir Bozdağ tarafından Anayasa Komisyonundaki sunumunda ve Genel Kuruldaki konuşmalarında sıkça dile getirilmiştir.

**Getirilen sistem, bir hükümet sistemi değil, cumhuriyetin ve onun demokratik, hukuk devleti özelliklerinin ortadan kaldırılmasıdır.**

Bugüne kadar yapılan Anayasa değişiklikleri, sistemin sorunlarını çözme, büyük ölçüde de demokratikleşme iddiasıyla yapılmıştır.

15 yıllık AKP iktidarları döneminde çok sayıda Anayasa değişikliği gerçekleştirilmiştir.

Bunların içinde bu değişiklikten önceki dokunulmazlıkların kaldırılmasıyla ilgili değişikliklerin dışında yapılan tüm değişiklikler demokratikleşme iddiasıyla yapılmıştır.

Dokunulmazlıklarla ilgili değişiklik ise GÜNVENLİK gerekçesiyle yapılmıştır.

Önümüze konulan Evet ya da Hayır dememiz gereken Bu değişiklik ne DEMOKRATİKLEŞME ne de GÜVENLİK gerekçesine dayandırılmaktadır. Bu değişiklik kişiye özgü bir sistem kurma amacını taşımaktadır. Yapılan şu görevde bulunan Cumhurbaşkanının yarattığı *"fiili durum"*un anayasal durum haline getirilmesidir.

Bunu, en iyi kanıtlayan soru, mevcut cumhurbaşkanının bu sistemde aday olamayacağı hükmü getirilsin denildiğinde verilen cevaplarda görülmektedir.

Fiili durum yaratmak, fiili durumun var olduğunu söylemek Türkiye'de Anayasal sisteme darbe yapıldığı anlamına gelir.

Bütün darbeler, fiili durum yaratırlar.

Daha sonra ise kendilerine Anayasal kılıf uydururlar, dikerler. Örneğin 15 Temmuz darbe girişimi başarılı olmuş olsaydı yapılacak şey, mevcut anayasanın askıya alınması, daha sonra darbecilerin istediği biçimde yeni Anayasa yapılması olacaktı.

Şu anda yapılan, darbecilerin yapmak istediklerinin bir başka biçimde AKP-MHP ortaklığıyla yapılmasıdır.

Bu değişikliğin perde arkasında 2010 Anayasa değişikliği sonrasında AKP iktidarının kendi içindeki çelişkilerin, hesaplaşmaların Türkiye'ye sistem olarak dayatılması vardır.

AKP kendisinin sürekli iktidarda kalacağı, asla hukuk karşısında hesap vermeyeceği, muhalefetin etkin olamayacağı bir sistem kurmak peşindedir.

15 Temmuz'un fırsata çevrilmesi, TBMM'nin devre dışı bırakılarak bütün ülkede OHAL ilan edilmesi, OHAL kararnameleriyle kalıcı düzenlemeler yapılması bu değişiklikte öngörülen sistemin bir provası olarak değerlendirilmelidir.

Eğer bu değişiklik Anayasa niteliği kazanırsa, Türkiye sürekli OHAL durumunda olan bir ülke olacaktır.

Getirilen değişiklikle, kayıtsız şartsız millete ait olan egemenlik kişiye devredilmektedir.

Şu anda TBMM'ye ait olan kanun yapma yetkisi sakatlanmaktadır.

Cumhurbaşkanın o konuda bir kanun var ise Kararname çıkaramayacağı hükmünün pratikte karşılığı yoktur.

Çıkardığında durduracak bir güç yoktur.

İkincisi ve daha önemlisi TBMM'de bir parti grubunun başkanı veya üyesi sıfatıyla bu değişikliğin Türkiye'ye uygun bulduğu Cumhurbaşkanı, TBMM'de mevcut kanunları ilga ettirebilir ve Türkiye'yi tümüyle kararnamelerle yönetebilir.

TBMM mevcut sistemin merkezidir.

Bu özelliği ortadan kalkmakta sistem bir kişi üzerinde birleştirilmektedir.

TBMM'nin Türkiye Cumhuriyetinin kurucu kurumu olma özelliği sonlandırmaktadır.

Devletin kurumsal yapısını TBMM belirlemekteydi.

Bu yetki Cumhurbaşkanına geçmektedir. Kurumları kapatabilir, yeniden açabilir.

Dolayısıyla kurumların kapatılması ve yeniden açılması

durumunda kurumların mevzuatının da Cumhurbaşkanı kararnamesiyle belirlemesinin önünde hiçbir engel bulunmamaktadır.

Bunun anlamı Milli Eğitim, Maliye, Milli Güvenlik gibi bakanlıkları kaldırabilir, yenisini kurabilir. Genelkurmay Başkanlığının adını koruyarak, tüm mevzuatını değiştirebilir.

Yürütme artık meclise karşı sorumlu olmayacak ve denetleme yetkisi de ortadan kalkıyor. Her ne kadar Soru, Araştırma, Genel Görüşme gibi bilgi edinmeye yönelik denetim yetkileri yerinde durmakla birlikte, **yürütme üzerinde gerçek anlamda denetim sağlayan, hesap sorma yetkisi olan güvenoyu, gensoru** kaldırılmakta, **bütçe yapma, soruşturma** komisyonu kurmak anlamsız hale getirilmektedir.

Artık milletin vergisinin sahibi, sorumlusu, kullanılmasını planlayan, uygulamada denetleyen TBMM değildir. Milletin vergisinin Millet adına sahiplenme, kullanma, denetleme ortadan kaldırılmıştır.

Meclis, kendi seçimlerinin yenilenmesinde tam yetkili olmaktan çıkarılmıştır. Cumhurbaşkanına tanınan fesih yetkisi, Milletin iradesinin tümü karşısında, yarıdan bir fazlasının iradesi baskın hale getirilmiştir.

Yasamanın, Bürokrasiyle olan bağı tümüyle kesilmiştir.

**Bu değişiklikle 3 milyon memurun atama, terfi, yer değişikliği işlemleri uhdesine geçmektedir. Örnek alınan Başkanlık rejimlerinde böyle bir yetki yoktur**. Örneğin ABD'de atamalar Cumhuriyet Senatosunun onayından geçmektedir.

Eğer evet denilir ve bu yasa Anayasa haline gelir ise gelecekte bu yetki, birçok sorunu beraberinde getirecektir.

Bürokrasinin azaltılması söz konusu değildir. Tersine bu anayasa değişikliğinin getirdiği yönetim modelinde bürokrasi devlet aklından uzaklaştırılmaktadır. Bunun yerini ise partizanlık, adamın adamı olma almaktadır. Daha şimdiden bürokrasi de bu düzen kurulmaya başlanmıştır.

Düşünüyorum da bu yönetim modelinde Cumhurbaşkanı Belediyedeki hizmetliye, il genel meclisindeki personele dahi müdahale edebiliyor. Zamanla bu aşırı merkezileşmiş yönetim anlayışının yaratacağı sorunlar karşısında çözüm olarak, eyalet, federasyon gibi yetki devri içerecek yönetim değişikleri gündemimize gelebilir. Bu yapılan bu değişiklik gelecekteki bu değişim için zemin hazırlama olabilir.

Cumhurbaşkanının partisiyle ilişiği kesilmediği için parti genel başkanı olabilmektedir. **Bu sıfatıyla partisinin genel başkanı olması nedeniyle yasamayı doğrudan etkileyebilecektir. Partisinin milletvekili listesini kendisi yapacaktır**. Şu andaki mevzuata göre yasama üyesi sayılmadığı için Grup Başkanı olamayacaktır. Ancak tıpkı milletvekilleri gibi halk tarafından seçildiğinden gelecekte İÇ TÜZÜK değişikliği ile Grup Başkanı yapılacaktır. Bu sıfatıyla TBMM çalışmalarına girmesinin önünde hiçbir sakınca kalmayacaktır.

OHAL ilan etme yetkisi tümüyle kendisinde olacak. OHAL durumunda çıkardığı kararnamelerin alanı da genişletilmiştir. Bu yetkisiyle kolayca diktatör olabilir. OHAL Kararnamelerinin Anayasal denetiminin son Anayasa Mahkemesinin kararı ile denetlenemez olduğunun ortaya çıkması, gelecek açısından bu yetkinin ne büyük tehlikeler barındırdığını şimdiden göstermektedir.

Bu sistem bir çoğunluk diktatörlüğünü esas almaktadır.

Türkiye'nin 1991'den bu yana yaşamaya başladığı kimliğe dayalı siyaset bu sistemde tam anlamıyla yasal güvenceye kavuşturulmaktadır. Bu sistemde partilerin çoğunluğu sağlayabilmek için politikalarını, seçmen kitlesini daha kolay manipüle edebilmek için etnik, mezhep, tarikat, hemşehrilik gibi kimliklere dayandırmaları daha sık rastlanan bir durum olacaktır.

Çoğunluk sağlama amacıyla bu tür politikaları benimsemiş politik yapılar arasında kurulacak koalisyonlar, Türkiye'nin geleceği için çok daha büyük tehlikelere yol açacaktır.

Türkiye bu yetkilerle donanmış her Cumhurbaşkanında daha farklı rejimlerde yaşayabilir.

Yeter ki seçilsin.

Seçilen Cumhurbaşkanı komünizm ilan edip **STALİN**, Faşizm ilan edip **MUSSOLİNİ** de olabilir. Diliyorsa **OLOF PALME** de olabilir. Bu sistem kişi inisiyatifine bırakılmış bir sistemdir. Karşısında bir denge mekanizması bulunmamaktadır. Bu durum ileride Türkiye'yi tıpkı Afrika ve Latin Amerika ülkeleri gibi iç ayaklanmaların, askeri darbelerin ülkesi yapacaktır. Kimse bu ülkede böyle bir sistemde geleceğine güvenle bakamaz.

Sistem kendi içinde meşruiyet krizleri yaşayacaktır.

Bir tarafta halk tarafından seçilmiş bir Cumhurbaşkanı, diğer tarafta ise yine halk tarafından seçilmiş bir TBMM.

TBMM ve Cumhurbaşkanı arasındaki yetki paylaşımında son kararı verecek bir merci bulunmamaktadır.

Örneğin, Cumhurbaşkanı'nın ilk turda seçilemediğini, ikinci turda geçerli oyların salt çoğunluğuyla seçildiğini düşünelim. Bu oran yüzde 60 olabileceği gibi 40 ya da 30'a da denk gelebilir. Aynı anda parlamentoda ise seçim barajına takılmalar olsa dahi yüzde 80 ya da 90 gibi bir temsil oranı söz konusu olacaktır.

Bu durumda, temsil gücü hangi kurumun daha yüksektir?

Başka bir açıdan bakılırsa Cumhurbaşkanı ilk turda seçilemezse aynı gün seçimi yapılmış Meclis'in aritmetiği ortaya çıkmış olacaktır. Cumhurbaşkanı bu aritmetiğe uymayan bir kişi olursa yasama yetkisi nasıl kullanılacaktır?

Bakanlar, millet iradesinin Meclis'te tecelli etmiş biçiminden aykırı kişilerden seçilirse halk egemenliğinden nasıl bahsedilecektir?

Bu kadar yetkilere sahip olan bir kişi denetlenemediği gibi yargılanamaz da kılınmaktadır.

Cumhurbaşkanın tarafsız, devletin başı olduğu ve sembolik olduğu durumlarda Cumhurbaşkanının yargılanması için özel şartlar öne sürülebilir. Oysa bu Anayasa değişikliğinin ön gördüğü sistemde Cumhurbaşkanı, yardımcısı ve bakanların suçları nedeniyle yargılanmaları için şu andaki Başbakan için uygulanan hukuk kurallarının aynı olması gerekir.

Getirilen değişiklikte Cumhurbaşkanı herkese dokunabiliyor ama kimse ona dokunamıyor.

Bu sistem, seçimi, tercihte bulunma, temsil yetkisi devri olarak görmemekte aynı zamanda sanki hukuki denetim yapılan bir uygulama olarak görmektedir. Nitekim bu değişikliği önümüze koyanların bu konudaki savunması **"Cumhurbaşkanı ancak halka hesap verir"** biçimindedir. **Bu, seçim gerçeğini hukuki denetimle eş tutmak, dolayısıyla hukuk devleti olmaktan vazgeçmektir.**

Cumhurbaşkanı, mevcut Anayasada olduğu gibi tarafsızlık üzerine yemin edebilmektedir. Aynı zamanda devletin de başıdır. Böyle bir Cumhurbaşkanının partisiyle ilgisinin olmaması gerekir. Oysa bu değişiklik kendisi bir parti üyesi, dilerse genel başkanı da olabilmektedir.

Bu değişiklik 1924 Anayasası'nın hükümleri hatırlatılarak savunulamaz.

Türkiye 1960 öncesine hatta 1947 öncesine götürülemez.

Türkiye'nin kuruluş sistemi Meclis Hükümeti ve Kuvvetler Birliği ilkesine dayanır. Tek partili bir sistem söz konusudur. Bu sistem, bizim kuruluş dönemi sistemimizdir ve demokrasiyle de ilişkilendirilmemektedir. Adı üzerinde tek parti sistemidir.

Türkiye 1946'dan itibaren demokrasisini çok partili sistem üzerine kuran bir sistemi benimsemiştir.

Bu biçimdeki bir Cumhurbaşkanı Milletin Birliği ve beraberliğinin temsilcisi olamaz.

Cumhurbaşkanı ve Parlamento seçimlerinin aynı anda yapılması seçmen iradesi üzerine kurulan bir tahakkümdür.

Halkın yürütme ve yasama üzerinden bir denge kurumasını önlemektedir. Amaç seçmeni aynı anda hem Cumhurbaşkanını, hem de onun partisini seçmeye yönlendirmektir. Yürütme ve yasama erklerinin seçimlerinin farklı zamanlarda yapılması, Kuvvetler Ayrılığının teminatıdır. Bu ortadan kaldırılmıştır.

Cumhurbaşkanına tanınan yetkiler, Cumhurbaşkanının hastalığı veya yurt dışında olması halinde bir memura yani yardımcısına geçmektedir. Türkiye Cumhuriyetini bir memurun temsil etmesi öngörülmektedir. Bu haliyle kandırılabilen bir Cumhurbaşkanı ve Başbakan var iken yarın bu sistemde yardımcı kandırmak çok daha kolay olabilir. Türkiye, Banker Bilo vakaları yaşayabilir.

Bu sistemde muhalefet yoktur.

Diyelim ki Cumhurbaşkanı başka bir partiden seçilirse TBMM'nin yasa yapması için bu partinin veya TBMM'deki muhalefetin Mecliste çoğunluğunun %50'den fazla *(301)* olması gerekir. Bu sisteme göre iktidarda bir parti var olmakta ama muhalefet partileri, sadece mecliste grupları bulunan parti durumuna düşmektedir. Örneğin Ana muhalefet partisine tanınan öncelikler ortadan kaldırılmaktadır.

Hangi hükümet sistemi tercih edilirse edilsin, sistemin demokratik olması için yargının bağımsız olması şarttır. Oysa bu sistemde yargı bağımsızlığı ve tarafsızlığı da ortadan kalkmaktadır. Yargı bağımsızlığının olmazsa olmaz birinci koşulu, bir bütün olarak kurumsal açıdan yargının yürütmeden bağımsızlığının sağlanması; ikincisi ise bireysel olarak Hâkim ve Cumhuriyet Savcılarının bağımsız davranmasını sağlayacak *(göreve girme ve görevde yükselmede nesnel değerlendirme, mali güvenceler, görevden alınmama, görev süreleri vb)* güvencelerinin olmasıdır.

Teklifte yargı da tamamen tek adamın, Cumhurbaşkanının kontrolü altına sokulmaktadır. Yargının en üst kurulu olan Hakimler ve Savcılar Kurulunun 13 üyesinin 6 tanesi *(biri Adalet Bakanı, biri Adalet Bakanlığı Müsteşarı ve dört üyesi)* doğrudan Cumhurbaşkanı tarafından atanmaktadır. Kalan 7 üye de Cumhurbaşkanının kontrol edeceği Meclis çoğunluğu tarafından belirlenecektir.

Böylece tüm yargı düzenini kuracak en üst kurul tek kişinin iradesine göre şekillenecektir.

Cumhurbaşkanı ayrıca Anayasa Mahkemesinin 15 üyesinin 12'sini doğrudan üçünü de kontrol ettiği TBMM çoğunluğu aracılığıyla, Danıştay üyelerinin ¼'ünü, Yargıtay Başsavcısı ve Başsavcı vekilini doğrudan atayacaktır. Danıştay'ın kalan üyeleri ile Yargıtay üyeleri de Cumhurbaşkanının belirlediği Hâkimler ve Savcılar Kurulu tarafından atanacaktır. *(Teklifte Anayasa Mahkemesi, Danıştay ve Yargıtay seçimlerine ilişkin yeni bir hüküm olmamakla birlikte, yetkileri artırılan ve tek başına yürütmenin başına getirilen yeni bir Cumhurbaşkanı tarif edilmiş olması nedeniyle bu eski düzenlemedeki yetkilerin yeniden ele alınıp kaldırılması zorunluydu.)* Bu durum bütün yüksek yargı ve yargı teşkilatının kontrolünü bir kişinin eline vermek demektir.

Bu sistem için öne sürülen istikrar gerekçesinin hiçbir karşılığı yoktur.

Sistem bir dayatmadır.

Meşru değildir. **%51'in her şey, %49 hiçbir şey sayıldığı sistem, meşru olamaz.**

İstikrar kuralların, kurumların istikrarıdır, kişilerin, çoğunluk ya da azınlıkların değil.

Hukuk sisteminde istikrar bulunmayan bir ülkede hangi sistem uygulanırsa uygulansın istikrar olmayacaktır.

AKP'nin getirdiği anayasa değişikliği teklifinin kuvvetler birliğini öngördüğünü, bu kuvvetler birliğinin yürütmenin altında birleştiğini, bunun teknik ifadesinin dikta rejimi olduğu, dikta rejiminin Anayasa'nın başlangıç kısmında belirtilen kuvvetler ayrılığı ilkesine ve demokratik cumhuriyete aykırı olduğu açıktır.

Aynı biçimde bu muasır medeniyetler seviyesinin üstünü hedeflemiş bir ülke için karanlığa yelken açmadır.

Getirilen sistem halka yalan söyleme üzerine kuruludur.

Önce Başkanlık denmiş, bunun halkta tutmadığı anlaşılınca bu isimden vazgeçilmiş sonra Cumhurbaşkanlığı sistemi denilmiştir.

Cumhurbaşkanlığı ismi, halkı Başkanlık için ikna etme değil, bu yetkileri ele geçirmek için bir PİARla bulunan isimdir.

Türkiye Cumhuriyeti sistem içinde Milli olma, bütün yurttaşlarına hitap etme, onları yönetime katma, etkin kılma anlayışından uzaklaşmaktadır. Milleti temsil etme parçalanmaktadır.

Anayasa siyasi partilerin tercihiyle yapılmaz.

Mümkün olan en geniş kesimlerle onların oy birliğiyle, uzlaşmasıyla yapılır.

Oylamalarla yapılacak Anayasa 12 Eylül Anayasası kadar bile meşru olamayacaktır.

Bu değerlendirmelerimin ışığında son olarak şunları söylemek istiyorum.

Referandumun partilerle hiçbir ilgisi yoktur.

Bu bir seçim değildir.

Lider seçme, lider kim olsun yarışı değildir!

Bu Türkiye'nin geleceğiyle ilgilidir.

Tercihini yapmadan önce her yurttaşımın şu sorulara cevap aramasının kanaat oluşturmada, bilgiye ulaşmada, analiz yapmada kendisine yardımcı olacağını düşünüyorum.

Tek adamın yönettiği, her şeye karar verdiği, asla sorgulanamayan, hesap vermeyen bir adamın ülkesi mi olmalıyız?

Yoksa aldığı yetki için millete, yargıya hesap veren yöneticilerin ülkesi mi olmalıyız?

Tek kişinin emriyle yapılan kanunlarla, kararnamelerle mi yoksa ortak aklın, hukukun gerekli kıldığı kanunlarla mı yönetilmeliyiz?

Okuldaki öğretmen devletin öğretmeni mi olmalı yoksa iktidarın öğretmeni mi olmalı?

Yargıda karşınızdaki hâkim adaleti mi temsil etsin iktidardaki partiyi mi?

Başbakanlık ortadan kaldırılınca, yargı başkana bağlanınca, başkan kafasına göre OHAL ilan edince, bütün bürokratları atayınca, hangi sorunumuz çözülür?

Fiili durum yaratıldığı halde terör sorunu çözülememiş, ekonomi krizden çıkarılamamış, üretmeyen ekonomi üreten ekonomi haline getirilememiş, şimdi fiili durum anayasal durum haline getirilince mi bunlar yapılacaktır?

Koalisyon iktidarlarıyla Türkiye'yi korkutanlar, Türkiye'de en kirli koalisyonları yapanlar olmadı mı? FETÖ kimin koalisyon ortağıydı?

Oslo'da masa başındakiler kiminle koalisyon kurmuşlardı?

Bu anayasa değişikliği hangi koalisyon ortaklığıyla, hangi pazarlıklarla meclisten geçirildi?

Güçlü Türkiye, 80 milyonun özgürce etrafında birleştiği

anayasaya sahip Türkiye'dir.

Güçlü Türkiye, hukukun üstünlüğünü bilen, uygulayan Türkiye'dir.

Güçlü Türkiye, verdiği yetkinin hesabını sadece seçimden seçime değil hukukla, muhalefetiyle sorabilen Türkiye'dir.

Güçlü Türkiye devlet ile iktidarını ayırabilen Türkiye'dir.

Tek adamın aklına değil devlet aklına, millet aklına sahip Türkiye güçlü Türkiye'dir.

İktidarıyla muhalefetiyle birlik olan Türkiye güçlü Türkiye'dir. Terazinin tek tarafını yok eden Türkiye güçlü Türkiye olamaz.

Ortak aklı kullanan, sorunlarının çözümünde bunu kullanabilen Türkiye güçlü Türkiye olur!

*"Oy"*unla oyuna gelme! HAYIR de!

Tek adam sesiyle yönetilen ülke olmayacağız.

Bir ülkenin anayasası o ülkenin bütün insanlarının çıkarınadır.

Bu anayasa taşeron işçi, asgari ücretli, kadın hakları için mi, emekliler için mi; yoksa tek adam için mi?

Bir düşün!

Bunun neresinde senin çıkarın var!

Bir düşün!

Sahtekârlıkla, yalancılıkla, şantajla anayasa, anayasa olmaz!

Bu ülkenin cumhurbaşkanı bu ülkenin başıdır.

Hepimizin başında hakemdir!

Neden devleti temsil eden, her görüşün ortak hakemi, neden parti başkanı olsun!

Söyleyin bu değişiklik adalet, insanlık onuru, özgürlükler, barış ve huzur için mi; yoksa tek adam iktidarı için mi?

Kendin için değil çocukların için böyle bir geleceğe HAYIR de!

Tek adam sesinin yanında değil, milletin sesinin yanında ol!

**Kardeşim,**

Fark et!

Farkında ol!

Böyle kazanan sen değilsin!

HAYIR de!

Sen kazan, ülken kazansın!

Biz 80 milyonuz!

Bu ülke hepimizin!

**Ben diyenin karşısında biz diyerek,**

**Biz diyenin karşısında hepimiz diyerek kazanacağız!**

Biz geçmişini sahiplenen,

Sahiplendiği gibi aşmasını bilen,

Yaşananlardan ders alan,

Ayrışanların değil,

Bir olanların, diri olanların ülkesi olmak istiyoruz!

Yarın için mutlu insanların ülkesi olmak istiyoruz!

İstiyoruz ki bizim ülkemizde,

Öfkelerimiz değil aklımız, düşüncelerimiz yarışsın!

Korkularımız değil, özlemlerimiz artsın!

Sizlerin sağduyusuna güveniyorum.

Sığınacağımız tek yer sizlerin aklı ve vicdanı.

Biliniz ki doğru, haklı mücadele sonuç alınsa da alınmasa da, boşa gitmez!

Her mücadele daha büyük hedeflere bizi taşır.

Mücadele umutları tazeler.

Bilinçle-akılla, sağduyuyla yüreği buluşturur.

Bu referandumda hayır demenin en önemli kazancı milletin, 80 milyonun kendisi olduğunun, Devletin ve egemenliğin ona ait olduğunun, bunun bir kişiye devredilemeyeceğinin anlaşılması olacaktır.

Türk milletinin kendi egemenliğine halel getirecek politikalara karşı her türlü mücadeleye hazır olduğunu göstermesidir.

Bu referandumda HAYIR diyenlerin gerekçesi farklı olabilir.

Hedef birliği var iken gerekçe sorgulayanlar kendilerini bir adım geri çeksinler.

Çünkü bu mücadelede arkamıza, yanımıza değil daima önümüze bakarak yürümeliyiz.

# EKLER

## 1. TBMM ANAYASA KOMİSYONUNDA YAPTIĞIM KONUŞMA

### TUTANAK HİZMETLERİ BAŞKANLIĞI

21.12.2016 tarihli ANAYASA KOMİSYONU
Konuşmacı: MUHARREM İNCE Seçim Çevresi: YALOVA

**Tutanak Metni:**

MUHARREM İNCE *(Yalova)* - Teşekkür ederim Sayın Başkan.

Sayın milletvekilleri, gelen duyumlar şehit sayısının çok fazla olduğu yönünde. Bilmiyorum, bizim bilgilerimiz ne derece doğrudur. Sayın Bakan geldiğinde, biraz sonra bir açıklama yaparsa çok seviniriz. Tabii ki çocuklarımıza Allah'tan rahmet diliyoruz; ulusumuza, milletimize başsağlığı diliyoruz.

Şimdi, Nazım Hikmet hapishanededir. Bir gün hapishaneye bir Adalet Bakanlığı müfettişi gelir, Nazım'ı müdürün odasına çağırtır. Ona otur demez ve ayakta bekletir. Bir süre sonra Nazım giderken geri döner, müfettişe der ki: *"Ömer Hayyam'ı tanır mısın?" "Tabii tanırım, Ömer Hayyam'ı kim tanımaz."* der. *"Peki, o anda İran'ı yöneten hükümdar kimdi?"* der. *"Bilmiyorum."* der. *"Merak etme bir gün cezaevi müdürünü de Adalet Bakanlığı müfettişini de kimse hatırlamayacak ama Nazım Hikmet'i herkes hatırlayacak."* der. Emin olun ki yirmi yıl sonra bugün Adalet Bakanının kim olduğunu da Komisyon Başkanının kim olduğu da kimsenin aklına gelmeyecek ama bu tutanaklarda Türkiye'nin nasıl bir belaya doğru sürüklendiğini görenler hatırlanacaklar. Ben o Meclisin tutanaklarını çok severim, Meclisin ilk yıllarına gider, böyle, arada bakarım neler düşünmüş insanlar, kim ne olmuş diye. Yerel gazetelerde yazdığım yazıları toplarım, kitapçık hâline getiririm; 20'li yaşlarda ne düşünmüşüm, 50'li yaşlarda ne düşünüyorum, gelişimim, değişimim ne yönde olmuş, başkalaşmış mıyım, farklı mı düşünüyorum diye geçmişimi hep, sürekli kontrol altında tutarım.

Şimdi, değerli arkadaşlarım, şöyle bir hatırlıyorum da, 2005'te, 2006'da Sayın Cumhurbaşkanı Ahmet Necdet Sezer; 310 oy almış diyelim ki 1'inci kişi, 2'nci kişi 307 oy almış; hasbelkader 3 oy, 5 oy az alarak rektör atanmışsa, 2'nci sırada seçimde çıkan birisi rektör atanmışsa AKP milletvekilleri o Genel Kurulu birbirine katarlardı. *"Vay! Hani demokrasi, hani millet idaresi? 310 oy alanı atamıyorsun, 307 oy alanı atıyorsun."* diye Genel Kurul salonunu birbirine katarlardı. Geldiğimiz ileri demokraside, kullanılan oyların yüzde 86'sını alan rektör atanmıyor, aday olmayan birisi rektör atanıyor.

Sizdeki bu değişimi gördükçe... Ben çok objektif bir adamımdır. Zaman zaman ellerimin arasına başımı koyarım, ya, bu muhafazakârlar, bu sağcılar bizden daha mı entelektüel, bizden daha mı zekiler, bizden daha mı çok okuyorlar, bizden daha mı çok çalışkanlar diye objektif bir şekilde kendimi sorgularım, hakkını da veririm. Siz bizden çok oy alıyorsunuz, doğru bu, ne yazık ki on dört yıldır sizden fazla oy alamadık, sizi kutluyorum. Ama şunu gördüm ki biz size göre daha vicdanlıyız, emin olun bundan. Size göre kim daha zeki, kim daha bilgili, kim daha entelektüel, onu bilmiyorum, o tartışmalı, göreceli bir kavram. Ama size göre daha vicdanlı olduğumuz kesin.

Bir an için Cumhuriyet Halk Partisinin 316 milletvekili olarak düşünün, bir an için; biz iktidarız, siz muhalefetsiniz. Böyle bir teklif gelse buraya, emin olun ki şu gruptaki arkadaşlarımdan birisi çıkar, der ki: *"Bir dakika ya, bakanlıklar bizde, valilikler bizde, müsteşarlık bizde, Başbakanlık bizde, Meclis çoğunluğu bizde, 316 milletvekili, saray bizde, her şey bizde; belamızı mı arıyoruz ya? Her şey bizde."* Birisi çıkar, *"Vermiyorum ben oy."* der. Bunlardan birisi kesin Muharrem İnce'dir de, eminim ki bu arkadaşlarımın da pek çoğu, belki de hepsi buna karşı çıkacaklardır çünkü sol duruş bunu gerektirir.

Üzülüyorum size bazen. Yani hukuk tahsili yapmışsınız, ben fizik tahsili yaptım. Herhâlde hukuk tahsili yapan bir arkadaşım, bir sayın milletvekili benden çok daha iyi biliyor ki bu doğru değil, bu vicdani değil, bu evrensel değerlere uygun değil. Oy alabilirsin.

*"Millî ve yerli cumhurbaşkanlığı modeli..."* Arkadaşlar, güldürmeyin bizi ya, ne olursunuz güldürmeyin. Kravat yerli ve millî mi? Mecburi mi komisyonda kravat, hiç de mecburi değil. Genel Kurulda takıyoruz da burada mecburi değil. Bakın,

hepimiz kravatlıyız. Şu içtiğimiz çay ya, yüz sene önce dedelerimiz bu çayı içmedi bu topraklarda, 1940'tan sonra, Zihni Derin'den sonra bu topraklarda çay üretilmeye başlandı. Hangisi yerli ve millî? Evrensel değer diye bir şey var.

Bu geçsin, hani *"Zafer süngüyle kazanılır ama süngünün üstünde oturamazsın."* diyor ya ben size geleceği okuyayım mı, on sene sonrasını okuyayım mı? Diyelim ki bu, Genel Kuruldan geçti, millet de *"Evet."* dedi, ya, sizi kim ciddiye alır, Avrupa'daki hangi yatırımcı sizi ciddiye alır? Gelmez buraya yatırımcı ya. Tek adamın her şey olduğu; ordu başkanı, devlet başkanı, millet başkanı, yargı başkanı, yürütme başkanı, yasama başkanı, başkomutan... Böyle bir şey olabilir mi arkadaşlar? Hangi yatırımcı gelir buraya, hangi Batılı ülke gelir buraya? Yani çok üzülüyorum buna.

*"Oyla yapıyoruz kardeşim."* Doğru söylüyorsun kardeşim, oyla yapıyorsun. 1923'te Hitler bir yürüyüş yapar. Bu yürüyüşten sonra Hitler'i kısa süreli bir hapse atarlar. Çok iyi cezaevi koşullarındadır. Üç dört ay hapiste yatar. Sonra dışarıya çıkar. İttifak kurar, merkez sağcılarla ittifak kurar. Bu ittifakından sonra başlar yavaş yavaş, iktidara gelir, generalleri tasfiye eder. İnşaat işine hız verir, otoyolları yapar. Radyolarda tartışma programlarını kaldırır, eğlence programlarını artırır. Sonra iktidara gelir ve beceriksizler ordusu vardır karşısında. O koalisyonların beceriksizliğini falan seyreder ve sonra der ki... Kendisinin o ilk günlerinde aşağılanan, *"Bohemyalı Onbaşı"* diye aşağılanan o Hitler gitmiş, yerine bambaşka birisi gelmiştir ve dünyanın başını belaya sokmuştur.

Siz, Sayın Recep Tayyip Erdoğan'ı çok seviyor olabilirsiniz, onun çok başarılı birisi olduğuna da inanabilirsiniz. Bu fânidir, fânidir. Yarın öldü, birisi gelecek yerine. Bu yetkileri nasıl verirsiniz arkadaşlar? Vaziyeti kurtarmak mı, memleketi kurtarmak mı? Milletvekilliğini kurtarabilirsiniz ama memleketi batırırsınız. Yapmayın, etmeyin bunu. Bu memlekete kıymayın efendiler. Yazık ederiz bu memlekete. Hiç kimseye bu yetki verilmemelidir, bana da bu yetki verilmemelidir, size de verilmemelidir.

Bakın, bir iki örnek anlatacağım size: Az önce bir tanesini söylemiştim, Dersim Milletvekili Feridun Fikri Düşünsel diyor ki: *"Gazi Paşa mevzubahis değildir. Milletin geleceğidir. Gazi Paşa'yla milletin gönlü arasında bir bağ vardır fakat buna rağmen çocuklarımızın geleceğini Gazi Paşa'ya veremeyiz."* 9 Mart 1924, Celal Nuri İleri, Gelibolu Milletvekili: *"Israrla Amerikan başkanlık sisteminden kaçındık çünkü Amerikan başkanlık sistemi devletlerden oluşuyor. Amerikan başkanlık sisteminde, devletler bir araya gelmiş, bir büyük yapı oluşturmuşlar."* diyor. Biz parçalanarak devlet olduk. Osmanlı'dan 20'nin üzerinde devlet çıktı. Mantık aynı mantık değil. Sivil toplum gelişmemiş, lobi faaliyeti yok, parti aidiyeti yüksek bizde. Adam kendini iliklerindeki son damlaya kadar AK PARTİ'li hissediyor. Amerika'da hiç kimse kendisini iliklerine kadar Demokrat Partili, iliklerine kadar cumhuriyetçi hissetmiyor, adam nefret ediyor AK PARTİ'den, iliklerine kadar kendini Cumhuriyet Halk Partili hissediyor. Parti aidiyeti çok yüksek. Yazık ederiz bu memlekete değerli arkadaşlarım.

Bakın, nedir, yani olmayan, size engel olan ne? Bakın, bugün 30 civarında şehidimiz olduğu söyleniyor. Yani bunu çözeceksiniz siz de, başkanlık gelince, bu Cumhurbaşkanlığı sistemi gelince çözeceksiniz de şimdi çözememeniz için size engel olan bir şey olması lazım. Ne engel size? Yani Genelkurmay Başkanı mı engel? *"Açılışa gel."* diyorsun, geliyor. *"Nikâh şahitliğine gel."* 8 şehidin olduğu gün atlıyor helikoptere geliyor. *"Yenikapı'ya gel."* geliyor. Önceden albaylardı yaver, albaylar FETÖ'cü çıkınca şimdi orgeneralden yaver yaptınız. *"Çay toplamaya gel."*, geliyor. Hepsini yapıyor. Peki, muhalefet mi engel? Sayısal bir çoğunluğunuz var, ezici bir üstünlüğünüz var, 316. Kaldır ellerini oylayalım, geçiyorsun zaten. Valiler mi engel? Binali Yıldırım mı engel? Engel oluyorsa Davutoğlu'nu gönderirsin, *"Bin Ali, in Ali, dur Ali."* Geçersin, öbürünü getirirsin. Yani engel olan ne? Yani ne olacak şimdi, siz bu sistemi getirdiğinizde şimdikinden ne farkı olacak? Bunu neden bir anayasal kılıfa büründürüyorsunuz?

Sayın Şentop, Sayın Başkan, hukuk tahsili yapmış, bu konuda çok mürekkep yalamış birisi olarak vicdanınızın rahat olmadığını düşünüyorum, olmaması gerektiğini düşünüyorum, *"Ama ne yapalım ki şartlar böyle."* dediğinizi düşünüyorum.

Bakın arkadaşlar, Cumhurbaşkanı yüzde 51'le seçilecek, yüzde 51. Her şey olacak 51'le. Peki, Mecliste 301 yani yüzde 51 hiçbir şey olamayacak. Yüzde 51'le seçildi, her şey olacak ama Meclisteki 301 milletvekili hiçbir işe yaramayacak. Yüzde 92'yle seçildi 82 Anayasası, Aldıkaçtı Anayasası.

Meşruiyet buldu mu, vicdanlarda buldu mu? Bulmadı. Diyelim ki bu da yüzde 52'yle geçti. Ya, yüzde 92'yle meşruiyet bulmayan, gönüllerde yer etmeyen bir anayasa yüzde 52'yle nasıl olacak? Fren mekanizması nerede? Kim durduracak?

Anayasa'nın 7, 8, 9'uncu maddeleri ortada. *"Yasama yetkisi Türkiye Büyük Millet Meclisine aittir, millet adına yapılır."* Bu yetkiyi devredemeyiz. Devrediyoruz bu yetkiyi. *"Yargı yetkisi bağımsız mahkemelere aittir, Türk milleti adına yapılır."* Bu yetkiyi devredemeyiz, devrediyoruz bu yetkiyi. Yargı yetkisi bağımsız mahkemelere aittir, Türk milleti adına yapılır, bu yetkiyi devrediyoruz. Yürütme yetkisi Türk milleti adına yapılmaz, yürütme yetkisi Anayasa ve yasalara uyarak yapılır. Yürütme yetkisinin gücünü kullanarak yargıyı da yasamayı da bitiriyorsunuz.

Bakın, değerli milletvekilleri, yani bu Hitler'in yaptığı modelin aynısı, sahadaki küçük partileri tek tek bünyesine almış, tek tek. Ben bu filmi seyrettim dedim ya. *"Numan Kurtulmuş, kapat Has Partiyi, gel buraya. Süleyman Soylu, kapat Demokrat Partiyi, gel buraya."* Sırada kim var merak ediyorum, bilemiyorum. *"Erkan Mumcu, gel..."* Böyle bir sistem doğru değil, memleketi bir felakete sürüklüyorsunuz. İki takım maç yapacak, hakem takımın birisinin formasını giyecek, böyle bir şey olabilir mi? Biz sizinle yarışacağız. Şimdi, bir partinin başkanı olacak ve Cumhurbaşkanı olacak, laf söyleyecek meydanda, ben ona cevap verince sizden bir milletvekili çıkacak *"Devletin birliğini temsil eden Cumhurbaşkanına laf söyleyemezsin."* Yok ya, var mı böyle bir şey? Böyle bir şey var mı? Bağımsız olur, tarafsız olur.

Anayasa'da tarafsızlık üç yerde kullanılmış, iki kez Cumhurbaşkanı için kullanılmış, bir kez de TRT için kullanılmış. İşte, TRT'nin tarafsızlığı neyse bu Cumhurbaşkanının tarafsızlığı da odur değerli arkadaşlarım.

Ne olursunuz sayın milletvekilleri, bu topraklar mutlakıyet gördü, bu topraklar meşrutiyet gördü, bu topraklar cumhuriyet gördü, ben hepinizi ciddiyet görmeye davet ediyorum; ciddi olalım biraz ya. Ben burada hiçbir...

Bak, buradan enkaz çıkar, buradan emin olun ki felaket çıkar, buradan savaş çıkar. Bakın, bir şey söyleyeceğim size, halkın o günlük konuşmalarında geçen sözler var ya, o pek çok profesörün o kitaplarından daha da değerlidir biliyor musunuz, bir bakarsınız o, böyle, yaşanarak görülmüştür. Yani *"Kediyi bile sıkıştırırsanız üstünüze atlar."* diye bir laf var. Ya, böyle bir şey olabilir mi? Yasama yok, yürütme yok, yargı yok, medya yok, sivil toplum yok, fren yok, Anayasa Mahkemesi yok, hiçbir şey yok. Ne olacak? Ya, yeraltına indirirsiniz insanları, darbeye teşvik edersiniz. Bu millet darbelerden çekmiş, daha başımıza yeni geldi bir tane. Darbe yaptırırsınız bu ülkede, darbe yaptırırsınız, onun da meşru bir zeminini hazırlar darbe yapmak isteyenler. Bu memleketin başına belaya sokarsınız sayın milletvekilleri. Bakın, devam edeyim. Neden acele ediyoruz?

Siz, Sayın Haydar Ali Yıldız, Fransa'dan örnek verdiniz. Ben size bir şey söyleyeyim mi? Fransa anayasasını kaç yılda yaptı biliyor musunuz? Seksen iki yılda yaptı, seksen iki yılda yaptı. Bizim gibi sekiz saatte, yok, dün 145 sayfa konuşuldu, bunlar değil değerli arkadaşlarım.

Şimdi, bakın, adına *"başkanlık"* demediniz, cumhurbaşkanlığı sistemi. Niye? Utandınız, utandınız yani böyle bir başkanlık modeli olmadığı için siz de buna... Başkanlık kendi içinde tutarlıdır, güçler ayrılığı vardır. Amerikan sistemini iyi incelediğimi düşünüyorum. Amerika'daki Yüksek Mahkeme Başkanının saygınlığı Trump'tan daha yüksektir, daha saygındır. O kadar farklıdır ki yani Capitol'de içeriye girerken *"X-ray cihazından geçeceksin."* dediler, *"Bir dakika, Amerikalı senatörlere ne uyguluyorsanız bana da aynısı uygularsınız."* dedim. Baktım, Amerikalı senatöre de aynısını uyguluyorlar, *"Problem yok, geçeriz."* dedim. Daha saygındır orada yargının başkanı. Türkiye'de böyle bir saygınlığı var mıdır? Çay toplayan yargının böyle bir saygınlığı var mıdır?

Efendim, *"Cumhuriyet kurulduğunda, Meclis 1920'de açıldığında, 1921'de itibaren 1924'te de güçler birliği vardı, onu niye ihmal ediyorsun?"* Öyle değildi, orada güçler birliği vardı ama Meclis her şeydi, Meclis. Meclis hükûmetiydi, Meclis her şeydi. Siz burada kişiyi her şey yapıyorsunuz. Oradaki Meclisin her şey olmasıyla güçler birliği olması, buradaki kişiyi her şey yaparak güçler birliği olması aynı şey değildir sayın milletvekilleri yani kuruluştakinden farklı.

Değerli arkadaşlarım, kanun yapacak, yönetmelik çıkaracak, yorumlayacak. Ya, şurayı anlayamadım: Uluslararası politika, ekonomik alanlarda falan Meclise mesaj verecek; *"Bilgi verecek, yön verecek."* değil *"mesaj verecek."* Ya, bu, ne üst perdeden bir bakıştır. Ne demek mesaj vermek, ayar vermek gibi bir şey midir bu? Ayar mı verecek bize yani? Bu nasıl bir şeydir ya? Bunu kim metne yazdı? Yani, ne zannediyor kendini? Ben halkın oylarıyla buraya seçilmiş, gelmişim, Cumhurbaşkanı, Türkiye Büyük Millet Meclisine mesaj verecekmiş. Kınıyorum bunu yazanı. Ne demek mesaj verecek? Ben oradan *"Ayar verecek."*'i anlıyorum. Böyle bir şey olamaz. Bilgi verir, verse verse bilgi verir yani böyle bir mantık olabilir mi?

Bakın, güvenoyu yok, gensoru yok, sözlü soru yok, bütçe yok arkadaşlar, bütçe. Ya, bizim burada varlık nedenimiz, bir tek varlık nedenimiz var, biliyor musunuz, bir tek. Bana *"Bütün bu yapılanların içinde yüzde 51 neyi yazarsın?"* dersen bütçeyi yazarım, bütçeyi. Bu milletin parasını, vergisini nasıl toplayacağımızı, nasıl harcanacağını, Büyük Millet Meclisi adına denetleyen kurum Sayıştaydır, Büyük Millet Meclisinin de en asli görevi bütçe yapmaktır, bütçe. Alıyorsunuz bu yetkiyi. Kendi ayağına kurşun sıkan, dünya siyaset tarihinde Sayın Binali Yıldırım gibi bir Başbakan, kendi ayağına kurşun sıkan böyle milletvekilliği de inanın ki dünya siyaset tarihinde yoktur. Bütçe yetkisini nasıl alabilirsiniz? On beş gün süre yok. Gönderdin, bekle yavrum bekle; iki sene, üç sene bekletir Cumhurbaşkanı. Böyle bir keyfiyet olabilir mi? Vergi koyabilir, vergi.

Şimdi, en garip işlerden birisi şu: *"Millet iradesi"* lafını hiç ağzınızdan düşürmezsiniz, hiç düşürmezsiniz bunu. Cumhurbaşkanının yardımcısı, seçimle gelmiş birisi değil. E, ne olacak? Yurt dışına gitti, bir memur, Türkiye Cumhuriyetini yönetecek, atanmış bir kişi. Böyle bir şey olabilir mi? Banker Bilo'ya dönersiniz; Türkiye Cumhuriyeti, Banker Bilo'ya döner. Vallahi, yurt dışına gittiğinde, memur, kasaları boşaltırsa şaşırmayın. Nasıl olsa yetki de var. Böyle bir şey olamaz. Yani, siz içinize nasıl sindirirsiniz bunu? Yetkinin, Cumhurbaşkanına vekâlet edecek makamın Meclis Başkanı değil de atanmış bir memur olmasını nasıl içinize sindirebilirsiniz? Ben bunu sindiremiyorum. Ben de bu Meclisin bir üyesiyim, sizler de bu Meclisin bir üyesisiniz değerli arkadaşlarım. Yani, üst perdeden yaklaşımlar, burada, işte Meclis Başkanına bırakılmayan yetkinin bir memura bırakılması, millî iradeyi falan zaten kökünden sarsıyor. Bakanlar sekreter burada.

MHP'li arkadaşlara da sesleniyorum, şunu söylüyorum: Yani, ilk 4 maddeyi değiştirmek burada artık o kadar kolay ki. Yani, burada neresinde bir MHP ayarı verilmiş buraya, neresine bir ortaklık konmuş, doğrusu bunu çok merak ediyorum.

Mesela, yine, yemin metninin aynı kalması... Ya, böyle bir yalan metin olur mu? Partinin başı olacak, tarafsızlığı üzerine yemin edecek, böyle bir şey olabilir mi ya? Aklımızla dalga mı geçiyorsunuz ya? Ya, gelecek, kongrede partinin başkanı olacak, gelecek, tarafsızlığı üzerine yemin edecek, biz de bu yemini yiyeceğiz, öyle mi? Çocukları şekerle, büyükleri yeminle kandırırlar ya, biz de buna inanacağız öyle mi? Ya, gerçekten yani az buçuk kitap okuyan birisi, az buçuk böyle bir şeyler bilen birisinin bunlara inanmaması lazım değerli arkadaşlarım.

Yine, partiler niye aday gösteremiyordu önceden? Tarafsızlığına zeval gelmesin diye. Şimdi, partili olarak çıkacak.

Bu doğuştan Türk vatandaşı olmayı, bu filmi bu Meclis 1920'lerden sonra gördü zaten. Yani, Mustafa Kemal Atatürk, Misakımilî sınırları dışında doğduğu için, Selanikli olduğu için önerge verirler, isimleri de bellidir orada, tutanaklarda -torunları vardır belki şimdi, söylemeyelim- derler ki, o ilde beş yıl ikamet etme şartı getirirler. Atatürk'ün yakın arkadaşları sinirlenir. *"Sakin olun der."* Atatürk, kürsüye çıkar, der ki: *"Ben hayatımın hiçbir bölümünde beş yıl bir ilde yaşamadım ki. Oradan oraya, Selanik'ten Üsküp'e, oradan Trablusgarp'a, oradan Çanakkale'ye, ben hayatım boyunca her tarafı gezdim."* der ve alkışlarla bu önerge reddedilir. Doğuştan Türk vatandaşı olma, gerçekten çok ilginç bu. Herhâlde bunu Türkiye'de...

MUHARREM ERKEK *(Çanakkale)* - ABD Anayasası'ndan aldılar herhâlde.

MUHARREM İNCE *(Yalova)* - Herhâlde siz bunu Türkiye'de göçmenlere çok iyi anlatırsınız diye düşünüyorum ben.

Bir de 1'e 400 oranı. Yani, 400 milletvekilini bir teraziye yok, öbür kefeye 1 kişiyi koy, 400 tanesi bir tane yapıyor.

ALİ ŞEKER *(İstanbul)* - O da bir şey yapamıyor.

MUHARREM İNCE *(Yalova)* - O da bir şey yapamıyor zaten ancak gönderebiliyor ama o 600'ünü birden bir anda silebiliyor. Böyle bir denge var mı, böyle bir yetki var mı? Kanuni Sultan Süleyman'ın böyle bir yetkisi var mıydı değerli arkadaşlarım?

Savaş yetkisi veriyorsunuz ya, savaş yetkisi.

Atatürk, dokuzu beş gece, 10 Kasımda gözlerini

kapadığında, yaveri yan odaya gidip intihar etti, kafasına sıktı, sırlarıyla birlikte gitmek için. Bizim Cumhurbaşkanının 5 yaverinden 4'ü FETÖ'cü çıktı, ona ömür boyu başkomutanlık yetkisi vereceğiz. Yok böyle bir şey ya, yok böyle bir şey arkadaşlar. Bunu vermeyeceğiz, bu millet vermeyecek. Yirmi dört saat meydanlarda gezip bunu anlatacağız bu millete ama buraya gelmesin, siz de vermeyin, siz de elinizi vicdanınıza koyun, olmasın bu iş. Atatürk'e başkomutanlık yetkisini üç ay, üç ay verdiler. *"Öyle yok, öyle yağma yok. Sana veremeyiz bu yetkiyi."* dedi milletvekilleri. Kurucu Devlet Başkanına bu yetki verilmedi, bugün ne yazık ki bunu vermeye çalışıyorsunuz.

Bakın, yasalarla düzenlenen konuda kararname çıkaramazmış! Kim dedi çıkaramaz diye? *"Anayasa'yı tanımıyorum, kararlarını tanımıyorum, saygı da duymuyorum."* dedi mi? Anayasa'yı tanımayan, yasa mı tanır? *"Seninle ilgili yasa çıkarıyorum. Hırsızlık suç olmaktan çıkarılmıştır."* Kararname. *"Olmaz."* demeyin. Ben bu ülkede *"Olmaz."* denilen çok şeyi gördüm.

Şimdi, bakın, bu fiilî durum meselesi... Hırsızlık bir suçtur; sen bilirsin, bilmezsin hırsızlığın suç olduğunu, hırsızlık yaptığın zaman cezası bellidir, bunu yaparsın. Biz şimdi diyoruz ki: *"Ya, hırsızlık tamam da ne yapalım, bu alışkanlık hâline gelmiş. Bunu suç olmaktan çıkaralım."* İnsan öldürmek suçtur, cezası vardır. *"Ya, ne yapalım şimdi? Arkadaşımız insan öldürmekten çok hoşlanıyor. O zaman, insan öldürmeyi suç olmaktan çıkaralım, bunun cezasını ortadan kaldıralım."* Bizim Cumhurbaşkanımız,

Anayasa'yı ihlal etmeyi alışkanlık hâline getirmiş. *"Tanımıyorum, saygı da duymuyorum. Ortada bir fiilî durum vardır."* diyor. Fiilî durum varsa, Anayasa'yı çiğnemişse anayasal kurumlar devreye girer, hukuk devleti böyle olur. Anayasa Mahkemesi ne güne duruyor orada? *"Dur bir dakika, sen çiğneyemezsin bunu."* diyecek, gereğini yapacak, Yargıtay Cumhuriyet Başsavcısı devreye girecek, hukuk devleti böyle olur. Bana da uydursanız ya bir şeyler arkadaşlar. Beni de millet seçti, beni de Yalovalılar seçti, benim de hoşuma giden bazı şeyler var. Fiilî durum yaratayım birkaç tane mesela, benim için de bir yasal değişiklik yapın. Böyle bir mantık doğru değildir değerli arkadaşlarım.

Kendisini bu kadar değersizleştiren bir yapı olabilir mi ya, kendisini bu kadar küçülten? Bu saatten sonra bu geçerse, ya milletvekilliği ile İçerenköy azası olmak, muhtarın yanında aza olmak arasında hiçbir fark yoktur. Hiçbir millî eğitim müdürü sizin telefonunuza çıkmaz. Niye çıksın ki senin telefonuna, niye çıksın? Ne yapacaksın yani sen ona? Niye çıksın ki sana? Bizimkilere zaten çıkmıyorlar da siz de böyle olacaksınız, hiçbir değeriniz olmayacak.

Yani, ben sözlü soru soramayacağım ama seçim bölgeme gittiğimde vatandaş bana soru soracak öyle mi, öyle yağma var mı? Vatandaş bana soracak, ben gelip Mecliste Bakana soracağım. Ben bakana soramıyorsam, vatandaş da bana soramayacak, bunu anlatacağız insanlara. Bak, senin hakkını alıyor diyeceğiz, senin. Dokunulmazlık, milletvekiline verilen bir hak değildir; dokunulmazlık, seçmene verilen bir haktır, seçmene şu denmektedir orada: *"Sen bunu seç, korkma. Bu gelsin, özgürce düşüncelerini anlatsın."* Ona verilen bir haktır, böyle anlaşılır bu işler. Yani, biz de bunu vatandaşa anlatacağız, senin hakkını çalıyorlar diyeceğiz. Sen bana soru soramayacaksın artık. *"Niye soramayacağım?"* diyecek. E, ben bakana soramayacağım, sen de bana soramayacaksın. Öyle yağma var mı? Sen hem *"evet"* oyu vereceksin, hem benden hesap soracaksın ama ben bakana, Cumhurbaşkanına hesap soramayacağım. Böyle bir ballı kaymaklı iş yok. Bunun geçmeyeceğine inanıyorum.

Bakın, değerli arkadaşlarım, ülkemizin başı belada. Biz size yardımcı olmak istiyoruz. Tabii ki muhalefet olarak hem denetlemek hem yardımcı olmak gibi bir görevimiz var, hele hele terör konusunda. *"Yenikapı'ya gel."* E gelelim kardeşim. *"E gel, kırmızı kravat tak, mesaj verelim."* E verelim. *"E işte, saraya gel."* E gelelim. Ya, siz hep mutabakat arıyorsunuz da siz 1919'dan beri olan mutabakatlarımızı yıkıyorsunuz ya, bir kalemde siliyorsunuz.

Bakın, 22 Haziran 1919'dur bunun başlangıcı, Amasya Genelgesi'dir.

*"1) İstanbul Hükûmeti görevini yapamamaktadır.*

*2) Vatanın ve milletin bağımsızlığı tehlikededir.*

*3) Vatanın ve milletin bağımsızlığını yine milletin azim ve kararlılığı kurtaracaktır." diyor, milletin azim ve kararlılığı. Millet iradesinden,* "Egemenlik kayıtsız şartsız milletindir." sözünün başlangıç yeri, ruhu, kaynağı, merkezi orasıdır. Bunu yok ediyorsunuz, yüz yıllık uzlaşmamızı bitiriyorsunuz.

Değerli arkadaşlarım, bu yaptıklarınız ne yazık ki doğru değildir ve yaparken de fütursuzca yapıyorsunuz. Yani, mesela, tutuklu kaymakamı vali yardımcısı olarak atıyorsunuz. Sözde, devleti temsil ediyorsunuz, FETÖ'cülerden ayıklıyorsunuz devleti; bir bakıyorsunuz, tutuklu kaymakamı vali yardımcısı olarak atamışsınız, şehit astsubayı ihraç etmişsiniz, ölen hâkimi ihraç etmişsiniz, darbeyi enişteden öğrenmişsiniz, turist duasına çıkan turizmci yetiştirmişsiniz, domates için cenaze namazı kıldırmışsınız!

Yani, şöyle bir şey var, diyor ki Millî Eğitim Bakanı; komik ya, gülüyorum yani böyle, bu kadar, böyle ciddiyetten uzak: *"Sınava fen liseleri girseydi 3'üncü olurduk PISA sınavlarında ama meslek liseleri girdiği için sonuncu olduk."* Ya kardeşim, o zaman fen lisesi aç. Niye her tarafı imam-hatip yaptın? Madem fen liseleri girince üçüncü olacaktık, fen lisesi aç. Dalga mı geçiyorsun yani bizim aklımızla?

IMF'ye borç veriyorduk bir zamanlar, tulumbada su yokmuş meğer. Buraya geldik yani Türkiye'nin geldiği nokta bu. Bakın, 6 Mart 2015, Sayın Cumhurbaşkanı *"Dolar 2,59, dolara yatırım yapan yaya kalır."* diyor. Yaya kalmamış, 1 lira artmış. Demek ki dinleseydi yaya kalacaktı, dinlemezse yaya kalmayacak.

Bir şey söyleyeceğim size arkadaşlar ya: Şu anda bir teklif versek, desek ki: Maaşlarımızın yarısından feragat edelim; vallahi, çok daha ciddi tartışmalar olur burada. Cumhuriyetten fedakârlık ediyoruz, cumhuriyetin tamamını veriyoruz biz; bırak öyle maaşın yarısını falan, cumhuriyetin tamamını veriyoruz, bir kişinin iki dudağının arasına koyuyoruz bunları. Bu, bugün Recep Tayyip Erdoğan'dır, yarın başkasıdır, o, bir fanidir yani üç sene, beş sene, on sene, yirmi sene, neyse, başkası gelecek, ona da verilmemelidir; belki yarın biz iktidar olacağız, bize de verilmemelidir.

Değerli arkadaşlarım, bu yaptıklarınız...

Şöyle bir savunma geliştiriyorsunuz: *"Sistem işlemiyor. Onun için, sistemi düzeltelim."* Ya, sistemi işletmeyen sizsiniz. İhale Kanunu'nu 160 kez niye değiştiriyorsunuz? Sınavlar tek sınavdı, üç sınava çıkardınız, sonra tekrar bir sınava düşürdünüz. Millî Eğitim müsteşar yardımcısı 7 taneydi, 5'e düşürdünüz, sonra tekrar 7'ye çıkardınız. Niye bunları çıkardınız? Yargıtayda cemaatçilerin sayısını artırırken, cemaatçileri yerleştirirken sayıyı artırdınız, cemaatçilerden tasfiye ederken sayıyı düşürdünüz. Sözleşmeli öğretmenliği siz getirdiniz, siz kaldırdınız. Cemaate arsa verirken övündünüz *"Ne istediler de vermedik?"* dediniz, geri alırken *"Vatan topraklarını kurtardık."* dediniz. Yani, Türkiye'yi bu hâle getiren sizlersiniz. Liyakati esas almayan sizsiniz. Yani, liyakati esas almanızı engelleyecek olan şey ne? Ne engelliyor sizi yani? Neden mesela bir insanı Türk, Kürt, Alevi, Sünni, CHP'li, AKP'li, MHP'li, HDP'li diye bakmadan, sadece bu işi biliyor mu, şu konusunda uzman mı, eğitimde iyi mi, sağlığı iyi biliyor mu; neden bunu genel müdür yapmıyoruz? Buna engel olan ne? Sistemi tıkayan sizsiniz. Sistemi tıkayıp sonra da sistem çalışmıyor diyorsunuz.

Yine, bakın, yani Rusya Büyükelçisi öldürüldü,

ülkemizin başı belada, bizim topraklarımızda oldu. Rusya'dan bir ekip geliyor, telefonu alıyor, Rusya'ya götürüyor, burada inceleme yapıyor. Şimdi, size niye inansınlar? Bakın, yandaş medyanın başlığı, 7 Aralık 2013: *"Putin'e okul resti çekti"* hep rest çekeriz zaten, biliyorsunuz. Yani, 17 Aralıktan on gün önce. 7 Aralık 2013, Sayın Cumhurbaşkanı, Sayın Recep Tayyip Erdoğan -o zaman daha Başbakan tabii- Putin'e rest çekmiş, diyor ki: *"Bu Fetullah Gülen'in okullarına dokunma, dokunursan yakarım, dokunma."* diyor, rest çekiyor. Şimdi ne diyor? *"Vallahi büyükelçiyi FETÖ'cüler öldürdü."* Kim inanır sana? Böyle bir siyaset olur mu arkadaşlar? Hangisi doğru? Böyle bir siyaset Türkiye'nin başını belaya sokar.

Yine üzüldüğüm bir şey, Sayın Cumhurbaşkanı -yani, bunu hepimizin dillendirmesi lazım ya- açıklama yapıyor şimdi -prompter da olmadığı için tabii- aynen şöyle: *"Çankaya Belediyesine ait olan bir tesiste, Anadolu lisesi mezunu..."* teröristi tanımlıyor. Değerli arkadaşlarım *"Ankara Büyükşehir Belediyesine ait yolda, garın yanında yapılan patlamada; Ankara Büyükşehirde Merasim Sokak'ta -böyle bir şey olabilir mi- imam-hatip lisesi mezunu, meslek lisesi mezunu, Anadolu lisesi mezunu..."* Böyle bir şey olabilir mi? Böyle ciddiyetten uzak bir yaklaşım terörü çözebilir mi? Terör hepimizi vuruyor kardeşlerim, hepimizi. Ben geçen gün İstanbul'da gezerken çocuğuma uğradım, yani tedirginlik içerisinde herkes, hava karardı mı herkes evine giriyor. İlk kez dün akşam eve giderken aklıma geldi, nerede öleceğiz bilmiyorum dedim, hepimizi vuruyor. Yani, herkesi yakıyorsa bu terör, o zaman mücadele topyekûn olmalıdır, herkes bir bütün olmalıdır. Yani, terör örgütü iktidara yönelik olamaz, AK PARTİ'ye yönelik bir terör örgütü olmaz; terör örgütü hepimize karşı yöneliktir, size karşı değil. Yani, şöyle bir açıklama yapmaz: *"Başkanlık için teklif sunuldu, iki buçuk saat sonra Beşiktaş'ta bomba patladı."* Yapmayın arkadaşlar, bunun hazırlığı var, öncesi var, planı var; bu sizinle ilgili değil, devletimize yönelik bir eylem bu, size ait değil bu. Devletin başı belada. Terör böyle çözülmez. Yani, İngiltere nasıl çözdü? AKP'nin ayrı terör politikası, CHP'nin ayrı terör politikası olmaz, bunlar beraber yapılır ama *"Çankaya Belediyesine ait, Anadolu lisesi mezunu..."* bunlar olmaz, bunlar doğru işler değil.

Değerli arkadaşlarım, istihbarat zafiyeti mi var, araç gereç zafiyeti mi var, eğitim zafiyeti mi var, bunlara oturulur, bakılır. Terörün yaşanmaması için eksiksiz, tam demokratik düzen ve siyasi partilerin demokrasi konusunda önce anlaşmamız lazım. Etkin, güçlü, dürüst bir kamu yönetimi; yöneticiler doğru karar almalı, liyakat olmalı, hayvanat bahçesi müdüründen TÜBİTAK Başkanı yapmamalısınız. Öğretmen alırken *"Reis kim?"* diye sormamalısınız. Siyasal sorumluluk tam işlemeli. Ne olmalı? Yapamayan gitmeli, istifa kavramı gelmeli. Ha, şuna katılıyorum: Türkiye'de parlamenter sistem dejenere olmuştur, bu doğrudur. Geç partinin başına, yüzde 1 oy al, kimse indiremez seni oradan. Değiştirelim bunu, bunu değiştirelim, bunu düzeltelim, bunu reforme edelim, hep birlikte başaralım bunu, başarabiliriz. Yani, bu sistem laçka oldu diye, bu sistemin alternatifi, bir kişiye Türkiye'yi teslim etmek değildir. Halep oradaysa arşın burada, beş sene sonra görürüz bakın neler olacağını, yandım Allah diye bundan yeniden vazgeçmeye çalışırız ve şunu da söyleyeyim size: Sayın Cumhurbaşkanına yapabileceğiniz en büyük kötülük budur, bundan daha büyük bir kötülük yapamazsınız. Bırakın, milletvekili olmayın ama çıkın buna itiraz edin. O 1 Mart 2003 tezkeresinde, değerli arkadaşlarım, burada bulunmuş bir arkadaşınız olarak, o zorlu, mücadeleli, o kapalı oturumda bulunmuş ender arkadaşlarınızdan birisi olarak oradaki duruşu göstermenizi istiyorum. Partinizin kurucusu, tüzüğünü yazan Ertuğrul Yalçınbayır yok artık burada ama emin olun ki 2001'de getirdiğiniz tüzük, Türkiye'deki siyasi partilerin içinde en demokratik tüzüktü, en iyisiydi. Ama, geldiğimiz bu on dört yıl içerisinde, bıraktım sizin partinizin tüzüğünü, Türkiye'yi de bir diktatörlüğün girdabına çekiyorsunuz. O özgürlükçü söylem, o Ertuğrul Yalçınbayır'ın yazdığı o tüzükten falan bir şey kalmadı geriye, gel gel, git git bir mantığına geldik.

Değerli arkadaşlarım, krizler yaşıyoruz bakın. Bunları doğru okumamız lazım, doğru. Yani, Halep'le ilgili kimisi *"Orada katliam."* var dedi, kimisi kurtuluş naraları attı; karşılıklı videolar. Neydi? Bizim doğru okumamız lazım, Suriye'de tutkalın ne olduğunu doğru bilmemiz lazım. Suriye'de tutkal Arap milliyetçiliğidir, Suriye'de tutkal mezhep değildir. Suriye'de tutkal mezhep olsaydı Esad duramazdı çünkü yüzde 14'ü Hristiyan, yüzde 14'i

Nusayri, yüzde 6'sı Durzî yani Sünni, Arap, Türkmen ve Kürtler var. Halep 5 milyonluk bir kent. Türkiye için İstanbul neyse, Suriye için Halep o; Türkiye için Ankara neyse, Suriye için Şam o. Burayı doğru okumamız lazım. 8 büyük kentin 6'sında Esad hâkim. Ne diye savaşıyoruz biz, bağırıyoruz çağırıyoruz, *"Kardeşim Esad"*dan, *"Katil Esad"* noktalarına niye geldik? Şimdi niye tükürdüğümüzü yaladık? Hani Emevi Camisi'nde cuma namazı kılacaktık?

MURAT EMİR *(Ankara)* - Esad'la beraber kılacağız şimdi.

MUHARREM İNCE *(Yalova)* - Herhâlde Esad'la beraber kılınacak. Emevi Camisi'nde cuma namazı kılamadık ama Aylan bebeğin Bodrum'da cenaze namazını kıldık hep birlikte.

Değerli arkadaşlarım, gerçekten Türkiye'nin felakete sürüklenmemesi için aklımızı başımıza toplayalım. Bakın, Türkiye'de bu krizlerden, ekonomik krizlerden başımıza daha nelerin geleceğini bilmiyoruz. Başımıza ekonomik krizlerden...

Neden kriz yaşıyoruz? Nedir yani bu? Şimdi, on beş yıl boyunca krizlerin ülkesi olmuş yani 2002'de terör bitmiş, terör örgütünün lideri hapse atılmış, komşularla bir problemimiz yok; bunun nedenini bulmamız lazım. 2002'de dolar 1,6 ve neden yükseliyor bugün şimdi *"terör"* dediğimizde, bize verilen cevaplar: Bir: FETÖ var, ondan yükseliyor. İki: Trump bir işin başına geçşin, o zaman görürsünüz. Üç: Dış mihraklar yönetiyor bunu. Böyle bir şey olamaz yani dolar Meksika pezosuna karşı 1 artarken TL'ye karşı 3 artıyorsa ortada ekonomik değil, siyasi birtakım kararlar var demektir. Biz döviz açığı olan bir ülkeyiz. Biz talep ettiğimizi, kullandığımızı kendimiz üretemiyoruz; dışarıdan doğal gaz alıyoruz, dışarıdan petrol alıyoruz, bunları ithal edince de döviz ödüyoruz yani ihracatımız artmıyor. Otomotivde ihraç ediyoruz ama orada kullandığımız malzemenin yüzde 70'ini ithal ediyoruz zaten. İran'dan doğal gaz aldık, aldığımız doğal gazın karşılığında altın ödedik, o altını da ihracat saydık; böyle bir şey olabilir mi? Doğal gaz alacaksın, altınla ödeyeceksin, ödediğin altını da ihracata sayacaksın. Domatesin tohumu ithal.

IMF'ye olan borçları ödedik. IMF bir mahalle bakkalı arkadaşlar, mahalle bakkalı. Mahalle bakkalına en fazla 5 bin lira borçlanırsın, 500 bin lira borçlanamazsın çünkü onun gücü yetmez. Mahalle bakkalına borcumuzu bitirdik ama AVM'lere borçlandık, daha büyüklerine borçlandık. Bunu doğru anlatmadınız. *"IMF'ye borç veririz."* biz diye hava atarken tulumbada su yok noktasına geldik değerli arkadaşlarım.

Devlet garantisi verdiniz; o FETÖ'cü şirketlere, 600 civarında şirkete el koydunuz şimdi. Ne olacak el koyunca? Onun parasını biz ödüyoruz yine. Siz onlara, o FETÖ'cü şirketlere devlet garantisi vermediniz mi? Sizin FETÖ'cü 600 şirkete el koymanızın maliyeti var arkadaşlar, devlet garantisi olduğu için bunlar ödenecek.

MEHMET MUŞ *(İstanbul)* - Muharrem Bey, açıklar mısınız?

MUHARREM İNCE *(Yalova)* - Açıklarım sonra sana. Başkan, açıklarım sonra.

On beş yılda üretimi artırmamışsın, 500 kişilik bir tane fabrika kurmamışsın. Özelleştirme İdaresine gerek yok, hepsini satmışsın zaten, geriye bir şey kalmamış. Alınan kararlar siyasi kararlar olduğu için duvara tosladı Türkiye. Turizm çöktü yani turizmciler, otelciler kötü hizmet verdi de onun için mi turizm çöktü? Vallahi, sabahleyin Rus uçağı düşürüldüğünde ben ilk kez bir şey gördüm, 2-3 milletvekili vardı yanımda *"Arkadaşlar, ben siyasette böyle bir şey görmedim."* dedim. Açıklama -alt yazı- aynen şöyleydi, ilk açıklama Cumhurbaşkanlığından yapıldı *"Rus uçağı düşürülmüştür."* diye. Sonra Davutoğlu çıktı *"Emri ben verdim."* dedi. Sonra işler sarpa sarmaya başlayınca *"Ben demedim, Hava Kuvvetleri Komutanı yaptı."* dedi, o da *"Ben yapmadım, pilot yaptı."* dedi. En sonunda FETÖ'cü pilota kadar geldik; Cumhurbaşkanından başladık, FETÖ'cü pilota kadar geldik.

BÜLENT TEZCAN *(Aydın)* - Şimdi Burhan Kuzu, Davutoğlu'na attı gene.

MUHARREM İNCE *(Yalova)* - Bunun sonucunda turizm çöktü değerli arkadaşlarım.

Derecelendirme kuruluşları; *"Basarsın parayı, alırsın notu."* dedi Sayın Cumhurbaşkanı. Ben de bir soru önergesi verdim, o arada böyle araya sıkıştırdım, çaktırmadan ama, nasıl olsa gelirler buna, ben buradan yakalarım dedim. Verilen cevap: *"Derecelendirme kuruluşlarına AK PARTİ Hükûmetleri üye oldu."* Tahminî parayı söylüyorum, 25 milyon dolar para verdiler. Bana diyor ki: *"Para verdik ama üye olduk. Para verdik ama mahrem bilgi olduğu için söyleyemeyiz."* 25 milyon dolar civarı para verdiler. Bir şey söyleyeyim mi? Hem para verdiler yani bastılar parayı hem de notu alamadılar. Böyle bir şey olabilir mi? Böyle hakaret edersen sana not verirler mi? Böyle bir şey yok. Sokaktaki Ahmet Efendi'yi kandırırsın, bizi nasıl kandıracaksın? Bu derecelendirme kuruluşları durduk yerde sana gelip not vermiyor, sen istiyorsun *"Bana not ver."* diye ya da yatırımcı istiyor, parasını sağlama almak istiyor adam, senin durumunu öğrenmek istiyor.

Değerli arkadaşlarım, böyle bir durumda yatırımcı gelmez. İç politika ile dış politika birbirine karıştı artık. Memleketin iç politikası, dış politikası, hepsi aynı oldu. Kutuplaşma arttı, askerî harcamalar arttı, hukuk askıda, uzlaşma kültürü yok edildi, köprü dolarla, otoyol dolarla, ihaleler dolarla, kiralar dolarla, hac, umre dolar 3,5 iken 3,6'dan sabitleyerek dolarla. Döviz artınca ne oluyor? Enerji, petrol, doğal gazda dışa bağımlıyız, bu sefer pahalanıyor. Sanayide ürettiklerimizin yüzde 50'si ithal, maliyet yükseliyor. Sadece şirketler iki üç aylık kur farkında 30-35 milyar dolar zarar etmiş. Şirketlerin burada kaybı olunca kurumlar vergisinden devletin kaybı oluyor. Devlet, şirketlerin borcuna kefil olduğu için borç yükü artıyor, iflaslar, küçülmeler birbirini tamamlıyor. Bütün bu ortamda da Başbakanın açıklaması *"Dolsa ne olur dolmasa ne olur."* Yani, memleket bu durumdayken Başbakanın açıklaması *"Dolsa ne olur dolmasa ne olur."*

Peki, ne yapmamız lazım? Yani, bu memlekette evlatlarımız her gün o fakir fukara çocukları, o yer yatağında büyüyen çocuklar, o hayatında lüfer balığı yememiş çocuklar; o babalarından zor harçlık alan çocuklar; o evlerinin dışı sıvasız olan çocuklar alnından vurulup şehit olurken...

Hüseyin Çelik'in bir sözünü hiç unutmuyorum, yazdı, Meclis tatildi, biz Cumhuriyet Halk Partisi olarak, yılını şu anda çıkaramadım, terörü görüşelim Mecliste, genel görüşme istedik. Hüseyin Çelik, Hükûmet sözcüsüydü, *"3-5 Mehmetçik şehit oluyor diye Meclisi toplayamayız."* demişti. Hiç unutmuyorum bunu. Bugün 14 şehidimiz var, biz Mecliste, bu saatte, bir kişinin siyasi geleceğini tartışıyoruz. *("30'a çıkmış." sesleri)*

Değerli arkadaşlarım, bu gidiş gidiş değildir, bu gidiş iyi değildir, bu gidiş doğru değildir, burada Türkiye Cumhuriyetini bir belirsizliğe itersiniz, bir enkaz yaratırsınız buradan. Bu kimseye yar olmaz. Buradan vazgeçelim. Belki bir daha milletvekili olamayabilirsiniz, hiç önemli değil, olmasak da olur, problem değil.

İBRAHİM HALİL FIRAT *(Adıyaman)* - Dur bir dakika Başkanım.

Bir laf söylüyorsunuz da siz de genel başkan olmak için burada... *(Gürültüler)*

ÜNAL DEMİRTAŞ *(Zonguldak)* - Ya, sen bir dinlesene gözünü sevdiğim! Ayıp değil mi ya! *(Gürültüler)*

MUHARREM İNCE *(Yalova)* - Bir dakika... Ben cevap veririm. *(Gürültüler)*

İBRAHİM HALİL FIRAT *(Adıyaman)* - Sen benim milletvekili olmama ne karışıyorsun?

BAŞKAN - İbrahim Bey, Sayın Fırat... *(Gürültüler)*

MUHARREM İNCE *(Yalova)* - Ben merak etmiyorum arkadaşlar. Acele etmeyin.

Benim ne olacağım benim partimde seni ilgilendirmez. Ben kapıcı da olurum...

İBRAHİM HALİL FIRAT *(Adıyaman)* - Benimki de seni ilgilendirmez. Biz de, kapıcı da oluruz, her şey de oluruz.

MUHARREM İNCE *(Yalova)* - *"Benimki de seni ilgilendirmez."* diyemezsin. Sen partine istediğin kişiyi genel başkan yaparsın, ben ona karışamam.

İBRAHİM HALİL FIRAT *(Adıyaman)* - Sen benim milletvekili olmama karışıyorsun.

MUHARREM İNCE *(Yalova)* - Ben karışmıyorum. Türkiye Cumhuriyeti, babanın çiftliği değildir senin, tamam mı? Türkiye Cumhuriyeti babanın çiftliği değildir!

İBRAHİM HALİL FIRAT *(Adıyaman)* - Sizin de babanızın çiftliği değildir Bana bunu söyleme hakkınız yoktur. Ben de aynısını size söylüyorum.

MUHARREM İNCE *(Yalova)* - Değildir tabii ki. Bir şey söyleyeyim mi: Bir insan bu metni okuyup da hâlâ daha bunu savunuyorsa bence okuma kabiliyetiyle ilgili bir sıkıntısı var demektir. Yazık, yazık! *(Gürültüler)*

BAŞKAN - Sayın İnce...*(Gürültüler)*

İBRAHİM HALİL FIRAT *(Adıyaman)* - Sen burada milletvekillerine hakaret edemezsin!

MUHARREM İNCE *(Yalova)* - Ben kimseye hakaret etmedim. *(Gürültüler)*

BAŞKAN - Değerli arkadaşlar, bir dakika. Böyle bağırarak konuşmaya gerek yok. Bir saniye. Bir dakika.

İBRAHİM HALİL FIRAT *(Adıyaman)* - Sen burada hakaret edemezsin!

BAŞKAN - Sayın Fırat, bir dakika.

Sayın İnce, siz de okursunuz, biz de okuruz metni. Okuma kabiliyeti, anlama kabiliyetiyle ilgili kimse kimseyi itham edemez. Bu metinle ilgili biz de izah edeceğiz, konuşursunuz, okuma kabiliyetiyle falan bir şey yok.

MUHARREM İNCE *(Yalova)* - Ben kimseye hakaret etmedim, arkadaşın zoruna gitmiş olabilir söylediklerim ama orada hakaret unsuru yok.

BAŞKAN - *"Milletvekili olursun, olmazsın."* falan, biz de ona karar veririz, ayrı mesele. Görüşlerinizi açıklayın, tamam, ama buradaki arkadaşları itham eden bir şey olmasın.

Buyurun.

MUHARREM İNCE *(Yalova)* - Sayın Başkan, bakın, ben az önce bir şey söyledim. Aynı konuşmaları arkadaşımız yaparsa, Sayın Vekilimiz yaparsa o zaman anlayabilirim onu. Ben dedim ki: Parlamenter sistem de yıpranmış dedim. Yani dedim, mesela siyasi partiler -bir partiyi kastederek söylemedim, bütün partileri kastederek söyledim- tepesine geç, yüzde 1 alsan dahi değiştirilemiyorsun, bunu değiştirmemiz lazım, yeniden... Ben bir partiyi kastetmiyorum. Dedim ki: Bunu, parlamenter sistemi daha saygın hâle getirebiliriz dedim. Ben bunları söyledim. Ben bu yürekliliği gösteriyorum. O Genel Kurulda da benim geçmişte neler söylediğimi Sayın Berber iyi bilecektir, o günleri hatırlayacaktır, yani yeni milletvekili olduğum günlerde de bir duruşumun olduğunu...

RECAİ BERBER *(Manisa)* - Parlamenter sistemle ilgili bir önerge, bir şey ben hatırlamıyorum. On beş senedir milletvekilisiniz, parlamenter sistemle alakalı hani önerge?

MUHARREM ERKEK *(Çanakkale)* - Niye Seçim Kanunu'nu değiştirmediniz o zaman, şimdi bunu söylüyorsunuz?

MUHARREM İNCE *(Yalova)* - Önergelerden birisi baraj sistemidir, o barajlara kaç tane kanun teklifi verdiğimizi, hepsini bilirsiniz zaten. Bakın... *(Gürültüler)*

BAŞKAN - Bir dakika arkadaşlar.

RECAİ BERBER *(Manisa)* - Parlamenter sistemle ilgili bir tane önerge görmedim ben.

MUHARREM ERKEK *(Çanakkale)* - Teklifi niye reddettiniz? 12 Eylül darbe hukukundan faydalanmayı tercih ettiniz. Avrupa'da gayet güzel işliyor. Bakın Latin Amerika'ya. *(Gürültüler)*

BAŞKAN - Arkadaşlar, bir dakika.

BÜLENT TEZCAN *(Aydın)* - Sayın Başkan, böyle bir usul yerleşecekse, hepimiz birbirimize söz atacaksak bu doğru olmaz.

BAŞKAN - Arkadaşlar, bir dakika.

Tamam Sayın Tezcan, iyi de yani böyle sadece bir monolog da olmuyor işte her zaman, arada bir oluyor ama bir tadında bırakmak lazım.

İBRAHİM HALİL FIRAT *(Adıyaman)* - Kimse bana hakaret edemez!

BAŞKAN - Sayın Fırat...

ÜNAL DEMİRTAŞ *(Zonguldak)* - Nerede hakaret var? Hukukçu musunuz siz? Nasıl hukukçusunuz? Nerede hakaret var? Eleştiridir bu. *(Gürültüler)*

İBRAHİM HALİL FIRAT *(Adıyaman)* - Bize akıl vermeye hakkınız yok!

BAŞKAN - Arkadaşlar, lütfen, durun biraz. Konuşacağız, sırayla konuşacağız. *(Gürültüler)*

BÜLENT TEZCAN *(Aydın)* - Sayın Başkan, lütfen sükûneti sağlayın.

BAŞKAN - Uğraşıyoruz ama malum, biliyorsunuz, sükunetle... Şahsiyatla uğraşmak, o da sıkıntı. Burada bulunan arkadaşlar, milletvekilliği, parti, şahısları gündem yapmayalım. Konuşalım geneliyle ilgili ve neyi konuşuyoruz? Anayasa değişikliğini konuşuyoruz. Sakin olalım. *(Gürültüler)*

MUHARREM ERKEK *(Çanakkale)* - O kadar uzun süre toplantı yaparsanız gerilir, tabii, ortam.

MUHARREM İNCE *(Yalova)* - Yani, bağırdığınız zaman ürkecek falan hâlim yok, sadece güme gitmesin diye susuyorum, yani korkup da susacağımı, fikirlerimden vazgeçeceğimi, konuşmayacağımı falan zannediyorsanız yanılıyorsunuz. Öyle bir kaygım falan yok yani.

BAŞKAN - Buradaki herkes öyle Sayın İnce, hiç merak etmeyin.

MUHARREM İNCE *(Yalova)* - Daha konuşacağız, pek çok madde var, gelip konuşacağız, buradayız.

RECAİ BERBER *(Manisa)* - Üst perdeden konuşacak, bağıracak...

ÖZGÜR ÖZEL *(Manisa)* - Üstten konuşmanın üstadı için siz anayasa yapıyorsunuz ya! *(Gülüşmeler)*

MUHARREM ERKEK *(Çanakkale)* - Üst perdeden konuşan bir kişi var bu ülkede.

BAŞKAN - Arkadaşlar...

Sayın Özel, lütfen.

MUHARREM İNCE *(Yalova)* - Ben küçük bir ilave yapayım Sayın Başkanım.

BAŞKAN - Buyurunuz.

MUHARREM İNCE *(Yalova)* - Şimdi, bakın, İbn-i Haldun devletleri şöyle tanımlar, der ki: *"Bir devlet kurulduktan yaklaşık yüz yıl sonra büyük badirelerle karşılaşabilir. Devletlerin yüz yılı çok tehlikelidir."* Osmanlı 1299'da kuruldu, 1402'de geldi Timur, Osmanlı'yı dağıttı Ankara Savaşı'yla. İdari, askeri, siyasi karmaşa çıktı, beylikler dönemi ortaya çıktı, devlet dağıldı. Fetret devri 1402'den 1413'e kadar sürdü. Türkiye Cumhuriyeti de 19'dan, 20-23 dersek, yaklaşık yüz yıl oldu. Gelin, sinirlenelim birbirimize, bağıralım, çağıralım, önemli değil, memleketin, devletin bekası için, geleceğimiz için, çocuklarımız için doğruyu bulalım yalnız. Ben tartışmaya hazırım. Buradan dışarı çıkınca da tartışmaya hazırım. Yani yanlış düşündüğüm şeyleri... Neyi yanlış düşündüğümde beni ikna etsin arkadaşım ama hakaret falan, asla hakaret etmedim, neden hakaret edeyim? Başka bir yerde edebilirim belki. Burada ideolojik bir şeyi tartışmıyorum ben, ben ülkemin geleceğini tartışıyorum. Ben sizin de samimi olduğunuza inanıyorum, kendimin de samimi olduğuna inanıyorum. Sizin görmediğinizi düşünüyorum, yanlış yaptığınızı düşünüyorum. Beni ikna etsin. Yani bu yetkileri bir kişinin kullandığında başımıza nelerin geleceğini... Nasıl olabilir bu? Yani hakem bir takımın formasını nasıl giyebilir? Bu doğru değildir. Ben bunları anlatmaya çalışıyorum. Yani İbn-i Haldun'u haklı çıkarmayalım, haksız çıksın İbn-i Haldun, devletimiz zeval görmesin diyorum.

Teşekkür ediyorum.

## 2. TBMM GENEL KURULUNDA 6. MADDE ÜZERİNDE YAPTIĞIM KONUŞMA

### TUTANAK HİZMETLERİ BAŞKANLIĞI

Dönem: 26 Yasama Yılı: 2 Tarih: 12.1.2017
Birleşim: 56 Ham Tutanak Sayfası:168-178
Konuşmacı: MUHARREM İNCE Seçim Çevresi: YALOVA

**Tutanak Metni:**

CHP GRUBU ADINA MUHARREM İNCE *(Yalova)* - Sayın Başkan, süremi başlatmadan önce Genel Kurulda sükûnet sağlansın, sonra başlatırsınız.

BAŞKAN - Sayın İnce, özlemiştik sizi bu kürsülerde.

Genel Kuruldaki tüm milletvekillerimizin de özellikle sükûnetle kürsüdeki tüm hatipleri dinlemelerini istirham ediyorum. Lütfen, uğultuyu keselim.

Buyurun Sayın İnce.

MUHARREM İNCE *(Devamla)* - Sayın Başkan, sayın milletvekilleri; sizleri saygıyla selamlıyorum.

Bugün bu kürsüye, size muhalefet etmek, yanlışlarınızı haykırmak, eksikliklerinizi söylemek, hatalarınızı anlatmak için gelmedim. Yanlışlar düzeltilebilir, eksiklikler tamamlanabilir, hatalar giderilebilir ama bugün yaptığınız yanlışı, bedel ödemeden tamir etmek mümkün değil ve bu bedeli hep birlikte ödeyeceğiz, eminim ki en fazla da siz ödeyeceksiniz.

Tarihe ve gelecek nesillere karşı sorumluluğumu buraya aktarmak için çıktım çünkü bu ülke, bizden çok, gelecek nesillere aittir. Ülkelerin yönetimi çağın ruhuyla belirlenir. 14. yüzyılda dünyada bir demokrasi talebi yoktu, bizim ülkemizde de yoktu. Bu toprakların insanları hanlar, kağanlar, padişahlar, hakanlar gördü, sultanlar gördü. Bunlar bizim geçmişimizdir, hatalarıyla, sevaplarıyla, günahlarıyla bizimdir. Tarihe bağlılık ya da düşmanlık değil, ondan ders çıkarmak toplumların önündeki sorunları çözecektir.

Siz, getirdiğiniz bu teklifle, yüz yıllık millet olma, yüz kırk yıllık demokrasiye sahip olma idealimizi ortadan kaldırıyorsunuz, 22 Haziran 1919'da Amasya Genelgesi'yle yola çıktığımız *"Egemenlik kayıtsız şartsız milletindir."* ilkemizi yok ediyorsunuz, modern devlet olma iddiamızı yok edip devlet aygıtını parti örgütüne dönüştürüyorsunuz, herkesin devletini çoğunluğun devletine dönüştürüyorsunuz, yüzde 50+1'in her şey olduğu, yüzde 50-1'in hiçbir şey olmadığı bir rejim yaratıyorsunuz. *(CHP sıralarından alkışlar)* Bir kişi aynı zamanda parti başkanı, hem ordu başkanı hem yargı başkanı hem devlet başkanı hem milletin başkanı olamaz, olmamalıdır. Unutmayınız ki her şeyin başı olan devletin başı olamaz çünkü saygınlığı olamaz, inandırıcılığı olamaz, birleştiriciliği olamaz. Milletin bir bölümünün üye olduğu bir siyasi partinin başkanı olan Cumhurbaşkanı milletin tamamını temsil edemez. Bu teklif Meclisten geçmezse emin olun, kaybetmiş olmazsınız, kazanmış oluruz hep birlikte, bir belayı defetmiş oluruz.

12 Eylül 2010 referandumu öncesinde bu Mecliste yapılan görüşmelerde *"evet"* oyu çıktığında arkadaşların sevinç çığlıklarını dün gibi hatırlıyorum. Uyarıları dikkate almadınız. Oylamaları Sayın Başbakana dışarıya koşarak getiren arkadaşlarımız şu anda burada milletvekili. Üstünlerin hukukundan hukukun üstünlüğüne geçecektik, vesayete son verecektik, gücün kanunundan kanunun gücüne geçecektik, fişleme tarihe karışacaktı. Ne oldu peki? Burada çoğunluğunuza dayanarak, milleti de kandırarak yargıyı FETÖ'ye teslim ettiniz. 12 Eylül 2010 referandumunun bayram yapanı biz değiliz, siz de değilsiniz; 12 Eylül 2010 referandumunun bayram yapanı FETÖ'dür çünkü yargıyı teslim almıştır. *(CHP sıralarından alkışlar)* Bugün bu yasalaşırsa, bu, bu Meclisten geçerse bunun bayram yapanı siz olmayacaksınız, biz olmayacağız; bunun bayram yapanı Büyük Orta Doğu Projesi'ni hazırlayanlar olacaktır, federasyonu bekleyenler olacaktır. *(CHP sıralarından alkışlar)*

Bugün ihtiyacımız olan şey güçlü başkan, güçlü yürütme değildir; bugün ihtiyacımız olan şey güçlü birlikteliktir. Bugün ihtiyacımız olan şey güçlerin aynılığı değil, güçlerin ayrılığıdır. Bugün ihtiyacımız olan şey anayasalı devlet değildir, anayasal devlettir. Bugün ihtiyacımız olan, geleceğimize güvenle bakmaktır, ortak akılla ortak iyiyi bulmaktır. Uzlaşmaktır bugün ihtiyacımız olan. Uzlaşmak en az istediği şeyden vazgeçmek değildir, uzlaşmak en çok istediği şeyden vazgeçmektir.

Saddam, ülkesinin tek hâkimiydi, Kaddafi de öyleydi, Zeynel Abidin Bin Ali de öyleydi. Zeynel

Abidin Bin Ali itaat ettiriyordu ama bizimkisi *"İtaat et, rahat et."* diyor. Sayın milletvekilleri, dünyayı itaat edenler değil, itiraz edenler değiştirir. *(CHP sıralarından alkışlar)* Onun için itaat değil, itirazdan yana olmalıyız. Bu diktatörler yanılmazdı, eleştirilmezdi, sorgulanamaz, denetlenemezdi. Saddam'ın doğduğu kent Tikrit kutsal ilan edilmişti. Girdikleri her seçimde yüzde 90 oy alıyorlardı. Unutmamak gerekir ki tek adam ülkeleri emperyalistlerin yani sizin tabirinizle *"üst aklın"* en sevdiği ülkelerdir. 78 milyonla uğraşacaklarına bir kişiyle uğraşırlar, rahat ederler. Getirmek istediğiniz sistemde 1 Mart 2003 tezkeresinin reddedilme olasılığı yoktur.

Ülkemiz bir felakete doğru sürüklenirken size bazı hatırlatma ve uyarılarda bulunmak istiyorum. Bu topraklar özgürlük, bağımsızlık, vatan, hürriyet, demokrasi, yurtseverlik kavramlarıyla tanışalı çok oldu. Namık Kemal'den bu güne çok yol katettik, çok bedeller ödendi. İdam sehpalarında can verenler, zindanlarda çürüyenler, sürgünlerde ölenler oldu. Ekmeği bol eyleyenler, acıyı bal eyleyenler, sıratı yol eyleyenler oldu. Demokrasi ve özgürlük mücadelesi bir büyük nehir gibidir, okyanusa ulaşana kadar devam edecek ve önüne çıkan engelleri yıkıp aşacaktır çünkü ırmaklar kaynağına doğru, geriye doğru akmaz, kavuşacağı okyanusa doğru akar. İnsanlık tarihi göstermiştir ki özgürlük tutkusunun beslendiği yer bir kandır, özgürlük tutkusunun bir kötü huyu vardır ki ne yazık ki kandan beslenir, yurtseverlerin ve tiranların kanından beslenir. Bunları yaşamamak için toplum, anayasayı kendisiyle bir sözleşme kabul eder, devletini bu sözleşmeye göre yapılandırır; onun için anayasalar büyük uzlaşmayla hazırlanır. Anayasalar birlikte yaşama arzusunu sağlayan metinlerdir. Anayasalar farklılıklara verilen güvencelerdir. Anayasalar bir siyasi mücadele aracı değildir. Her yurttaş anayasaya baktığında aynaya bakar gibi kendini, haklarını, sınırlarını görmelidir.

Sizlerin getirdiği bu teklif insanlık tarihinin evrensel birikimine aykırıdır, bilime aykırıdır, hukuka aykırıdır, ahlaka aykırıdır; yerli değildir, millî değildir, ilkeldir. *(CHP sıralarından alkışlar)* Yetki veriyorsunuz, hesap soramıyorsunuz. yüzde 100'le seçilen Gazi Meclisi yüzde 50, artı, 1'in emrine sokuyorsunuz. Seçilmemiş Cumhurbaşkanı yardımcısına memleketi emanet ediyorsunuz Boş kâğıda imza alıyorsunuz. Televizyon yayınını yasaklıyorsunuz. *"Cumhurbaşkanı Meclise mesaj verir."* diyorsunuz, *"Bilgi verir."* bile diyemiyorsunuz, sanki *"Ayar verir."* der gibi yapıyorsunuz. *"Hem parti başkanı hem tarafsız olacağına yemin eder."* diyorsunuz. Bütçe yetkisini Büyük Millet Meclisinin elinden alıyorsunuz. Denetleme yetkisini kaldırıyorsunuz. Adından utanıyorsunuz, adını bile değiştirmek zorunda kalıyorsunuz. Vesayetin âlâsını getiriyorsunuz. *"Koalisyonlar sona erecek."* diyorsunuz ama yüzde 51'i bulabilmek için en büyük koalisyonların önünü açacağını, tıpkı geçmişte FETÖ'yle yaptığınız koalisyonlar gibi yeni koalisyonların geleceğini de hep birlikte görüyoruz.

Dış politikada maceracılıkla Suriye politikasını yanlış yürüttünüz. Terör örgütüyle pazarlıkla, ortaklıkla katliamlar ülkesi yaptınız. Ekonomide avantacılıkla dolara zirve yaptırdınız. *"Dindar ve kindar nesil yetiştireceğiz."* diye sınavlarda Türkiye'yi sonuncu yaptınız. *"İleri demokrasi"* diyerek Meclissiz bir demokrasi, yurttaşsız bir cumhuriyet, hukuksuz bir yargı, bürokrasisiz bir devlet yönetimi oluşturdunuz.

Sayın milletvekilleri, cumhuriyetçiler, ilericiler, demokratlar, milliyetçiler, vatanseverler, muhafazakârlar; sizin aklınıza, ferasetinize, basiretinize, vicdanınıza sesleniyorum. Bu bir intihar, bu bir ötanazi anayasasıdır. Bu bir gönüllü kölelik anayasaşıdır. Canımızı, malımızı, hürriyetimizi, inançlarımızı, düşüncelerimizi bir kişiye teslim etmeyelim. Emeğimizi suistimal ettirmeyelim. Demokratik taleplerimizi susturmayalım. Evlatlarımızın hayatını tehlikeye atmayalım. Gelecek nesillerin istikbaliyle oynamayalım.

Vatandaş denetim yapmaz, vatandaş tercih yapar. Onun için, *"Sandıkta denetim yapılır."* demeyin.

Bir sözüm de açık oy kullanan milletvekillerine olsun.

Sayın milletvekilleri, Türkiye'nin herhangi bir okulunda CHP'ye gönül vermiş bir yurttaşımız *"Ben oyumu açık atmak istiyorum."* dese, mührü alsa, oy pusulasını alsa, gelip oyunu açıktan CHP'ye atsa AKP'nin oradaki sandık görevlisi ne yapar? Kıyameti koparır, değil mi? Vatandaşa verilmeyen bu hakkı milletvekiline nasıl veriyorsunuz siz? *(CHP sıralarından alkışlar)*

*(Mikrofon otomatik cihaz tarafından kapatıldı)*

MUHARREM İNCE *(Devamla)* - Siz de kullanamazsınız açık.

LEVENT GÖK *(Ankara)* - Sayın Başkan, bir dakika daha verir misiniz.

BAŞKAN - Tamamlayın lütfen, bir dakika daha ek süre veriyorum.

MUHARREM İNCE *(Devamla)* - Bir kaptanlık tartışmasıdır gidiyor. Nedendir bilinmez, örnekler hep gemilerden veriliyor. 1 kaptan, 2 kaptan... 2 kaptan olunca gemi batarmış. Yani gemi sahibi bir başbakanın bunları söylemesini anlayabilmiş değilim.

ŞERAFETTİN TURPCU *(Zonguldak)* - Oğlu sahibi, kendisi değil.

MUHARREM İNCE *(Devamla)* - Bakın, birinci kaptan olur, ikinci kaptan olur; önemli olan nedir, biliyor musunuz? Kaptan sayısında değildir, kaptanın gidecek yönü bilip bilmemesindedir mesele. *(CHP sıralarından alkışlar)* Kaptan gidecek yönü bilmiyorsa ister bir kaptan ister iki kaptan olsun, hepsi yük olur ona, rüzgâr bile tehlike olur. Kaptan sayısı önemli değil, kaptanın yönünü bulup bulamaması önemlidir.

Biz de diyoruz ki on beş yıldır kaptan yönünü bulamadı. Rüzgâr da onun için tehlike, ikinci kaptan da onun için tehlike, geleceğimiz de onun için tehlikededir diyorum zaten.

Teşekkür ediyorum. *(CHP sıralarından alkışlar)*

## 3. CUMHURİYET HALK PARTİSİ GRUP ÖNERİSİ ÜZERİNE YAPTIĞIM KONUŞMA

### TUTANAK HİZMETLERİ BAŞKANLIĞI

Dönem: 26 Yasama Yılı: 2 Tarih: 19.1.2017 Birleşim: 62
Ham Tutanak Sayfası:164-172
Konuşmacı: MUHARREM İNCE Seçim Çevresi: YALOVA

**Tutanak Metni:**

MUHARREM İNCE *(Yalova)* - Sayın Başkan, sayın milletvekilleri; sizleri saygıyla selamlıyorum.

İçinde yaşadığımız durumu özetleyen çok güzel ata sözleri vardır *"Rüzgâr eken fırtına biçer, ne ekersen onu biçersin, şeytanla kabak ekersen kabak başına patlar, şeytanla ortak buğday ekersen samana razı olursun."* gibi. On beş yıldır iktidardasınız, kamuya memur alırken, bürokrat atarken hep yanlış yaptınız, sürekli *"Bizden olsun, bizim beden dilimizden anlasın."* diyerek insanları seçtiniz. Kamu yönetiminde şeffaflığı, hesap verilebilirliği yerle bir ettiniz. Sizin döneminizde yapılan bütün sınavlar şaibeliydi; kaymakamlık, KPSS, hâkimlik savcılık, polislik gibi. Şimdi ise, on beş yılda yaptığınız hatalarınızı eski ortağınıza yıkarak işin içinden sıyrılmaya çalışıyorsunuz yani kısacası sınavlarınız şaibeli, atamalarınız torpilli. Geçmişte size hata yaptıran şey *"Bizden olsun."* mantığıydı, ne yazık ki bugün de aynı mantığa devam ediyorsunuz. Bu kafa değişmediği sürece hatalar peş peşe gelecektir. Kamuya sızmak nasıl en kolay olur biliyor musunuz? Sizin gibi davranarak olur yani *"Bana benzeyenleri kamuya alacağım."* derseniz kamuya sızmak isteyenlere açık çek verirsiniz, onlar da size benzemeye çalışır, size kendini benzettiklerini gösterirler ve kamuya sızarlar. Türkiye'de mülakat varsa liyakat kapı dışarı olmuştur sizin sayenizde. 11 Şubat 2014'te bu kürsüden yaptığım bir konuşmayı sizlerle paylaşmak istiyorum, bir örnek vermek istiyorum. Avukatlıktan hâkim ve savcılığa geçiş için yasa çıkardınız ve mülakatla, yazılının sonundaki mülakatla bazı insanları hâkim, savcı yaptınız. 11 Şubat 2014'te bu kürsüde verdiğim isimleri söylüyorum: Veysi Pekacar, AKP Midyat ilçe yöneticisi, İstanbul hâkimliğine atadınız. İbrahim Halil Dulkadir, AKP Mezitli İlçe Başkanı, Van Cumhuriyet Savcılığına atadınız. Abdullah Boyalı, AKP Demre ilçe yöneticisi, Bakırköy hâkimliğine atadınız. Bahri Bayazıtoğlu, Ordu'da AKP ilçe yöneticisi, Karaman Savcılığına atadınız. Partinizin ilçe yöneticilerini hâkimlik, savcılık mesleğine getirdiniz. Bu kişilerin bu 4'ü şu anda nerede biliyor musunuz?

ÖZGÜR ÖZEL *(Manisa)* - Tutuklu.

MUHARREM İNCE *(Devamla)* - Bu 4'ü de ihraç, ihraç. *(CHP sıralarından alkışlar)*

Bu isimleri ben bu kürsüden sayarken millî laf atma şampiyonu, AKP milletvekili -tutanaklara bakın- *"Yasal engel mi var?"* diye bana laf atmış. Ben de *"Bu kişiler adalet dağıtamaz, yanlış yapıyorsunuz."* diye sizi uyardığımda *"Doğru yapıyoruz."*

demişsiniz. Şimdi, size soruyorum: FETÖ'cüleri AKP'li diye atamışsınız, acaba birbirinize çok benziyorsunuz da onun için mi karıştırdınız diye düşünüyorum. *(CHP sıralarından alkışlar)*

11 Temmuz 2012, Sayın Erdoğan, İl Başkanları Toplantısında konuşuyor. *"Terör örgütü insanları bu hassas yerinden vuruyor. CHP de buna sahip çıkıyor. KPSS son derece başarılı ve temiz gerçekleşmiştir."* diyor. 2010 KPSS'sini. Sonra ne oldu? Bu sınavda yolsuzluk olduğu ortaya çıktı. Peki, bizden özür dilemeyecek misiniz? Yani biz *"2010 KPSS'sinde hırsızlık var, yolsuzluk var, sorular çalınıyor."* dediğimizde Sayın Erdoğan bizi terör örgütüne yardım etmekle itham etmişti. Hırsızlık ortaya çıktı. Hani özür, hani yüz kızarması, hani *"Affedin, biz yanlış yaptık."* demeler? *(CHP sıralarından alkışlar)*

Ve *"Ne istediler de vermedik?"* diyenler arsa verdiler, para verdiler, kadro verdiler, üniversite verdiler, ya diyorum acaba soruları da mı verdiler? *(CHP sıralarından alkışlar)*

Anayasal düzeni sağlamlaştırmak istiyorsunuz şimdi. Bu çarpık düzeni, bu adaletsiz, haksız, hukuksuz, çirkin, kokuşmuş düzeni şimdi de anayasal düzen hâline getirmek istiyorsunuz. Türkiye Cumhuriyeti'nin kaderini, kamu düzenini, 3 milyon memurun geleceğini bir kişinin zaaflarına, niyetlerine, becerilerine terk ediyorsunuz.

Bu Anayasa teklifi, Türkiye Cumhuriyeti'nin kesinlikle ve kesinlikle bir beka sorunudur. Türkiye Cumhuriyeti açık bir işgalden sonra kurulmuştur. Başkenti İstanbul dahi işgal edilmiştir. Bu işgali sona erdiren, Anadolu'nun ortasında bir köylü devletinden modern bir cumhuriyet kuran Türkiye Büyük Millet Meclisini yetkisiz, etkisiz hâle getiriyorsunuz.

1920'lerde memleket işgal altındayken Mustafa Kemal Atatürk'e verilmeyen *"Meclisi fesih"* yetkisini bir tek kişiye veriyorsunuz.

Savaş ortamında Gazi Mustafa Kemal Atatürk'e bile üç aylık üç aylık periyotlar hâlinde verilen *"başkomutanlık"* yetkisini süresiz bir şekilde veriyorsunuz.

Yine, siz, 78 milyonun vergilerinden oluşan, dişinden tırnağından artırılan paralardan oluşan, vergileriyle oluşan bu bütçeyi bir kişinin insafına bırakıyorsunuz.

İnsanlık tarihinde de Türklerin tarihinde de böyle bir yönetim şekli yoktur. İnsanlık tarihinde krallıklar, padişahlıklar, hanlar, hanlıklar, beylikler, hakanlıklar vardır ama böylesi yoktur. Padişahın böyle bir yetkisi yoktur. Padişah en azından partili değildir. Padişah en azından kadı atayamazdı, şeyhülislam atardı kadıları. Padişahın bile başbakanı vardı, sadrazamı vardı ama sizin getirdiğiniz sistemin başbakanı yok.

Çok merak ettiğim bir konu var. Allah aşkına birisi gelsin bana bunu anlatsın. 10'uncu maddenin sondan ikinci fıkrasını bana birisi gelsin anlatsın. Hukuk tahsili yapmış birisi gelsin anlatsın. Aynen şöyle, bakın: *"Cumhurbaşkanı yardımcıları ve bakanlar, göreviyle ilgili olmayan suçlarda yasama dokunulmazlığına ilişkin hükümlerden yararlanırlar."*

Yani göreviyle ilgili, Yüce Divan yargılayacak, göreviyle ilgili olmayan konularda, tıpkı milletvekillerinde olduğu gibi yasama dokunulmazlığı olacak. Ya, arkadaşlar, gerçekten okuduğumuzu anlıyorsak, böyle bir yetkiyi bir memura çoğunluğunuza dayanarak nasıl verirsiniz? Yani hırsızlık, göreviyle ilgili bir konu mu? Rüşvet, adam kayırmak, göreviyle ilgili bir konu mu? Diyelim ki atamayla gelmiş bir Cumhurbaşkanı yardımcısına, bir bakana, göreviyle ilgili olmayan bu konuda yasama dokunulmazlığı veriyorsunuz. Ey, milletin vekilleri, siz hangi hakla, atanmış bir memura, göreviyle ilgili olmayan bu suç için böylesine güçlü bir silah veriyorsunuz? Atanmış bir memura, Cumhurbaşkanı hasta olduğunda, yurt dışına çıktığında temsil yetkisi veriyorsunuz. Milletin yüzde 100'ünü temsil eden Büyük Millet Meclisinin Başkanına vekâleti vermeyip, bir atanmışa bu yetkiyi nasıl veriyorsunuz? Sonra da nasıl, sokaklarda, meydanlarda millî iradeden söz ediyorsunuz? Bir atanmışı, bir bürokratı kutsuyor ve milletin temsilcileri olarak devleti ve milleti ona temsil ediyorsunuz.

Siz, bu teklifle çoğunluk rejimi inşa ediyorsunuz. Sizin istekleriniz gerçekleşirse, boynu bükük bir Meclis, kolu kırık bir demokrasi, yüreği ezik bir millet, itibarı düşük bir devlet oluruz. Ekvador'dan nota yiyen, Güney Amerika'ya zırhlı Mercedesle gitmeyi maharet sayan, kendisine muhalif herkesi vatan haini ilan eden, binanın büyüklüğünde, betonda itibar arayan, her yanlışını üst akılla, dış mihrakla anlatmaya çalışan, coğrafyasında sürekli ayar verilen bir devlet oluruz. Lütfen, biraz akıl, biraz sağduyu, biraz bilim, biraz hukuk, biraz tarih bilgisi ve en önemlisi de geleceğimize ve çocuklarımıza karşı birazcık sorumluluk duygusu.

Anayasaların asıl amacı iktidarların keyfî uygulamalarını önlemek ve özgürleşmeyi sağlamaktır, özgürlükleri korumaktır ve 1200'lerden bu yana dünyanın gidiş yönü budur. Tarihi bir su kanalı gibi algılayamazsınız; kenarları betonla çevrilmiş, içinde suyun aktığı bir kanal gibi tarihi yöneltemezsiniz. Bu yaptığınız beyhude bir çabadır; bu, sürdürülebilir değildir; bu, hukuk tanımazlıktır. Siz, hadi hukuk bilmiyorsunuz, hadi bilim bilmiyorsunuz, hadi tarih bilmiyorsunuz, türkülerimizi de mi bilmiyorsunuz? Bu Ordu'nun derelerini yukarı doğru akıtmaktır. *(CHP sıralarından alkışlar)*

*(Mikrofon otomatik cihaz tarafından kapatıldı)*

BAŞKAN - Son bir dakikanız, lütfen...

MUHARREM İNCE *(Devamla)* - Emin olun ki asla ve asla memnun edemeyeceksiniz. Ne yaparsanız yapın, memnun edemeyeceksiniz, daha fazlasını, daha fazlasını, daha fazlasını isteyecektir. Bu Cumhurbaşkanlığı kararnameleri, emin olun ki bir fermandır, ferman buyruğudur. Unutmayın ki ferman varsa Dadaloğlu da vardır. Bunu unutmamanızı tavsiye ediyorum.

Yüce Meclise saygılar sunuyorum. *(CHP sıralarından alkışlar)*